Harald Müller

Das Geheimnis in mir

Impressum:
© 2014 Harald Müller
Lektorat: Esther Haffner

Herstellung und Verlag: Books on Demand GmbH,
Norderstedt
ISBN 978-3-8370-2712-9

Inhalt

Vorwort

Sieh dir doch einmal die heutige Situation in der ganzen Welt genau an.

Es beginnt schon im Kindergarten, setzt sich in der Schule fort und breitet sich am Arbeitsplatz weiter aus:
Gewalt, Aggression, Ängste schüren und mit der Angst Geschäfte machen. Das ist mehr als unmenschlich!
Die Angst ist das "beste" Instrument, um Menschen gefügig zu machen.

> Angst macht ein schlechtes Gewissen.
> Angst lähmt.
> Angst führt zur gewünschten Unterwürfigkeit.

Angst vor Versagen, vor Entlassung, vor Trennung, vor Armut, vor Krankheit, vor Tod.

Angst tötet deine Gefühle und macht dich zu Marionetten der vermeintlich Starken, die damit spielen und Geld verdienen.

Es ist deshalb mein Anliegen und meine Verpflichtung aus meinen Erlebnissen und Erfahrungen, dir diese Angst zu nehmen.

Ein Leben ohne Angst vor irgendetwas ist für dich ein neues Leben. Eine Wiedergeburt. Ich durfte diese Geburt erfahren und seit diesem Zeitpunkt bin ich Schritt für Schritt einem Leben in Zuversicht und Vertrauen und dem Zugang zur höchsten Intelligenz - Gott - nähergekommen und sehe die Liebe als die Kraft, die alles - wirklich alles - bewegen kann.

Lasse die nun folgenden Gedanken auf dich wirken und wenn du möchtest, lebe die Liebe.

Liebe Leserin, lieber Leser,

wenn du dieses Buch jetzt beginnst zu lesen, achte darauf, was du denkst.

> Nimm nichts persönlich.
> Sei ehrlich zu dir selbst und gegenüber anderen.
> Lerne aus Fehlern der Vergangenheit.
> Nutze dein Gehirn zum Denken.
> Tue nichts, was andere tun.
> Achte auf die Scheinheiligkeit und Lügen deines Umfelds.
> Trainiere dein Leben - täglich.
> Setze täglich neue Akzente.
> Tu, was *du* willst.
> Liebe das Geld, du hilfst dir und hast die Möglichkeit, anderen Menschen zu helfen, - dafür wirst du belohnt.
> Sähe Liebe und Liebe wird dir gegeben.
> Setze dir ein Lebensziel, das in dir Kraft und Energie freisetzt.

Willst du finanziell und persönlich frei sein?
Dann lies weiter.

Falls dir das zuviel Aufwand erscheint, was du für deine Freiheit tun musst, verschenke das Buch und hilf einem Mitmenschen.

Beginn

Ich wurde am 22.11.1950 in Germersheim – Rheinland-Pfalz - geboren. In einer ganz "normalen" Familie. Meine Mutter war zu dieser Zeit Hausfrau, mein Vater war Architekt. Ich habe einen fünf Jahre jüngeren Bruder.

Der Chef im Haus war mein Vater!
Wir waren die Dienstboten:
      - meine Mutter
      - mein Bruder
      - und ich.

Was mein Vater sagte, war Gesetz. So wurde ich erzogen bis 18.

Ich bin von Geburt aus ein lustiger, zu jedem Spaß bereiter und lebensfroher Mensch, nur, was wäre aus mir geworden, wenn ich nicht von allen Seiten zurechtgestutzt worden wäre?

Du wirst dich vielleicht jetzt fragen: War es bei mir auch so?

Druck von meinem Vater und Angst vor meinem Vater:

      - keine Ferien für ein Kind, sondern lernen und Arbeit (Hausarbeit),
      - keine - auch nur annähernde - Freundschaft mit meinem Vater
      - keine echte Freundschaft mit Gleichaltrigen - nur vom Vater ausgesuchter Umgang
      - Kontrolle
      - Erziehung zur Unselbstständigkeit
      - keine Gefühle
      - keine Schwachstellen
      - Unverwundbarkeit

Ich hatte damals Angst vor und Hass gegen meinen Vater. Heute habe ich ihm verziehen, weil ich weiß, warum er so war.
Ich brauchte 50 Jahre, um dies zu erfahren.

Solange brauchst du nicht, wenn du lernst, richtig zu denken und intuitiv zu sein und deinen Gefühlen zu vertrauen. Wie geht das?

Du bekommst von deinen Eltern, deinem Lehrer oder Chef eine Anweisung.

Zuerst kommt das Verantwortungsgefühl, dann die Angst vor Strafe. Dann verlässt dich der Mut und dann tust du das, was dir gesagt wurde.
Dann ist es gut - für den anderen.
Und - wie geht es dir? Wie sieht es in dir - im Inneren - aus?
Bist du ruhig und ausgeglichen? Oder kocht in dir die Wut?

Du hast nicht den Mut gezeigt, anders zu reagieren, als es die anderen erwartet haben, und schon hat dein Selbstvertrauen einen neuen Tritt bekommen und du fühlst dich noch kleiner als vorher.

So geht es hunderttausendmal, bis du erst mal volljährig bist. Du wirst geformt, gezogen, gebogen, gedrückt, verformt, solange, bis du in das Schema deiner Umwelt und deiner Mitmenschen passt - gefügig und leicht zu "handhaben", ein einfacher Zeitgenosse, der wenig widerspricht und keine Schwierigkeiten macht.
Ein Spielball der Gesellschaft - zum Vorteil anderer.
Möchtest du der sein, der du jetzt bist - ein Leben lang?
Dann tu einfach nichts - bzw. das weiter, was du bisher getan hast.

Du wirst gelebt, bis zu deinem Tod, oder willst du eine Wendung herbeiführen - zu deinen Gunsten?
Hast du die Kraft dazu?

Mut, Mut, Mut - ist das Wichtigste!

Mut für das, was du tust.
Mut für das, was du sagst.
Mut für das, was du denkst.
Mut zur Ehrlichkeit
Mut, zu Fehlern zu stehen

Nur so wirst du deinen Weg finden, denn nur dein Weg ist der Richtige.
Also tu , wenn du volljährig bist, das was du willst.
Der erste Schritt ist der Schwierigste. Dazu brauchst du Energie. Ohne den ersten Schritt folgt kein zweiter.
Also nimm dein Herz in beide Hände und tu ihn.
Das ist der entscheidende Zeitpunkt - je länger du wartest, desto schwieriger und unwahrscheinlicher wird dein Handeln!
Nur Mut, du schaffst es!

Nabel dich von zu Hause ab.
Ziehe aus. Wenn nötig, wechsle das gesamte Umfeld.
Ziehe um.
Wenn jeder sagt: "Das kannst du nicht, das geht nicht, das schaffst du nicht", dann tu`s trotzdem, wenn du es wirklich willst. Nur so kannst du dich hundertprozentig weiter entwickeln.
Das ist - noch mal - der wichtigste und entscheidende Schritt.

Der zweite und dritte Schritt ist dann schon deutlich leichter.
Entscheide grundsätzlich in Zukunft früher. Warte nicht zu lange - Zeit ist Geld und unwiederbringlich.
Entscheide öfter - auch wenn es mal falsche Entscheidungen sind. Lerne Entscheidungen zu

9

treffen.

Merke dir und präge dir jeden Tag von Neuem ein: ohne eine Entscheidung wird sich nichts verändern.

In der Veränderung liegt das Wachstum.

Ich bin mir heute sicher, dass ich oft viel zu lange mit Entscheidungen gewartet habe.

Oft den anderen, dem Frieden und der häuslichen oder geschäftlichen Atmosphäre oder irgendjemand zuliebe.

Nur - was hilft es? Die anderen sind vielleicht zufrieden und ich nicht.

Ich wurde aufgezehrt, ausgesogen, ausgelaugt, ich blieb auf der Strecke. Kann das der richtige Weg sein? Nein.

Es ist mein Leben - dein Leben.

Tu was für dich. Wenn es nicht passt - was soll's!

In "schlechten" Zeiten hilft dir mit der alten Einstellung keiner - da stehst du alleine da.

Also mach es von Anfang an allein - d. h. lebe nach deiner Vorstellung. So wirst du Respekt erfahren und dann wird dir auch Hilfe zukommen.

Stehe selber zu Misserfolg oder Erfolg, Glück oder Unzufriedenheit.

Du bestimmst, was und wer du bist. Lass dich von niemandem vereinnahmen. Durchbrich den Kreis und beginne, dich neu zu orientieren. Tu, was du willst.

Wohin soll dein Weg gehen?

Lauf einfach los. Das reicht vollkommen.

Leben und Geld - Was hat das eine mit dem anderen zu tun?

Ist die Qualität des Lebens von Geld abhängig?

Vielleicht ja?

Vielleicht nein?

Du sagst: "Mit Geld kann ich mir was leisten."

Da hast du Recht. Was?
Auto, Haus, Urlaub, Partys - was immer du willst.
Freunde.
Und was noch? Was ist für dich Qualität?
Keine Ahnung? Nein?
Darüber solltest du nachdenken. Das solltest du
wissen.
Du weißt vieles - beruflich, privat.
Was nützt dir das alles, wenn du nicht weißt, was dein
Lebensziel bzw. dein Lebensinhalt ist?
Du bist da, tust was, natürlich was Nützliches, und
danach?
Was hast du erreicht?
Was bleibt?
Was hast du dein ganzes Leben zustande gebracht?

Darüber denke ich oft nach.

*Es ist der 28.06.04. Ich bin seit zwei Tagen
umgezogen. Meine Ehe ist am Ende. Viele Fragen tun
sich auf.*
Wieso konnte es soweit kommen?
*Wir (ich) haben doch alles getan, um wieder
zueinander zu finden.*
Was ist passiert?

Das wirst du dich vielleicht auch schon mal gefragt
haben, falls du in einer ähnlichen Situation warst.

*Ich sitze da in meiner kleinen Wohnung und denke -
besser - ich lasse denken - das bedeutet, ich lasse
meine Gefühle zu, höre in mich, lasse einfach den
Abend "geschehen".*
*Warum? Es gibt auf viele Fragen keine
verstandesgemäßen, logischen, erklärbaren
Antworten.*
*Schleichend ist die Situation entstanden, so, als wärst
du gar nicht involviert, und dann, ganz plötzlich,
stellte ich fest, das sind ja wir, das bin ja ich, betrifft*

mich ganz nah und direkt.
Es ist zu spät - ich habe den richtigen Zeitpunkt
verpasst. Was nun?
Es geht mir stundenweise schlecht, ich heule, fühl
mich allein, die Welt geht an mir vorbei.

Das lasse ich bewusst zu.
So lerne ich, vor allem: so lerne ich mich besser
kennen.
Ganz wichtig - nur so ist es möglich, einen wichtigen
Schritt weiter zu kommen.
Jedes Ende ist gleichzeitig ein Neuanfang.
Ich diszipliniere meine Gedanken, das bedeutet, ich
lenke meine Gedanken in die Richtung , die mir hilft
und mich weiter bringt.

Auch dieses Gedankentraining und die erforderliche
Disziplin wirst du im Laufe der Zeit lernen müssen,
um negative Einflüsse sofort zu erkennen und
auszuschalten.
Was war? Was ist? Was wird sein?
Meine Gedanken bestimmen mein Gefühl.

Jetzt!

Es ist wundervoll.
Wie es mir geht bzw. gehen soll, wir kommen wieder
auf die anderen – die Umwelt.
Wie es mir geht, bestimme ich!
Mir geht's hervorragend:

>Ich bin gesund.
>Ich habe eine Wohnung.
>Ich habe zu essen , zu trinken.
>Ich habe ein begnadetes, einmaliges Kind.
>Ich habe Arbeit.
>Ich lese.
>Ich schreibe.
>Ich habe große Ziele.

Ich bin frei.
Ich kann machen, was ich will.

Ich muss nur wollen.

Vor allem - ich vertaue mir, ich vertraue dem Leben,
ich vertraue auf die höchste Intelligenz - nenne es
dein Unterbewusstsein, deinen Geist, deinen Gott.
Vollkommen egal, wie du es bezeichnest,
entscheidend ist, du vertraust dir, du lebst jetzt, du
willst wieder gewinnen.
Lass diese letzten Gedanken in dir setzen.
Wie geht es dir jetzt?

Ein wichtiger Punkt kommt noch dazu -
Verantwortung.
Stehe zu deinen Fehlern und Entscheidungen und du
wirst immer stärker, frei, unabhängig, wie ein Adler in
den Lüften.
Bilde Leitsätze, die dein Leben bestimmen. Wirf alte
Gewohnheiten über Bord, alles "Eingefahrene" musst
du neu überdenken.
Wer sagt, dass das so sein muss?

Es ist natürlich bequem, alles ist Routine. Du brauchst
wenig Aufwand und Kraft, teilweise funktioniert ja das
Leben , die Arbeit, die Familie ganz automatisch .
Wenn dies so ist und bleibt, wird sich nichts, gar
nichts verändern.

Bist du vollkommen zufrieden? Dann lass die Dinge,
wie sie sind. Mache eine Bestandsaufnahme und
fertig. Es ist alles planbar - aber mal ganz ehrlich - ist
das nicht langweilig?
Bist du auf dieser Welt, um zu warten, bis du stirbst?
Und sonst?

Ich sage es dir und beweise es dir: Ich kann an einem
Tag mehr erleben und habe an einem Tag mehr erlebt

13

und mehr Entscheidungen getroffen, als der Durchschnitt derer, die ich kenne, in fünf Jahren.

Du bist doch was ganz Besonderes.
Du bist nur ein Mal auf der Welt.
Du bist einzigartig.
Du bist du, zu 100 Prozent, d. h. du kannst gar nicht sein wie andere, es gibt keinen Vergleich mit dir.

Resultat:
Du hast dein Leben in deiner Hand.
Ich bin Egoist, ich bin der wichtigste Mensch auf der Welt, ohne mich ist alles nichts.
Ich vertraue mir, in diesem Moment, in dieser Sekunde, nicht gestern, vor einer Stunde oder morgen, übermorgen, in vier Wochen, nächstes Jahr.
Jetzt und hier lebe ich!

Viele Menschen sagen, "In einem Jahr werde ich ..."

Praktisches Beispiel:
"Wenn ich mein Haus abbezahlt habe, aber dann, dann geht es mir richtig gut, weil ich jeden Monat 600 Euro mehr zur Verfügung habe."
Das ist rechnerisch natürlich o.k.
Nur, was ist in einem Jahr?
Vielleicht kommt eine neue Belastung? Vielleicht trenne ich mich von meinem/-r Partner/Partnerin, vielleicht bin ich arbeitslos oder krank, vielleicht gewinne ich 1 Million, vielleicht wird mein Kind krank oder findet keine Lehrstelle oder, oder, oder ...

Was mache ich in diesem Jahr?
Ich warte, bis es vorbei ist. Halte still, halte den Atem solange an; ach, wenn's doch nur schon vorbei wäre, wenn ich was Schlechtes erwarte oder mich ängstige.
Also höre ich jetzt auf zu leben und warte.
Ich kann die schönen, lebenswerten, oft auch kleinen Annehmlichkeiten des Lebens jetzt gar nicht

genießen, weil ich mich mit meinen Gedanken an diesem Jahr festklammere - und das Jahr ist für mich verloren.

Deshalb ist das geistige Training so enorm wichtig. Unsere Gedanken bestimmen unsere Lebensqualität. Ob ich mich bemitleide oder ob ich die Situation selber verändern will - was mir gefällt, was ich verändern will und kann, das ändere ich - sofort! Wichtig dabei:

Ich will die Veränderung.
Ich habe den Mut zur Veränderung.
Ich lasse "Altes" los, nur dann kann sich was verändern - ich darf nicht festhalten - wenn ich loslasse, hat es sich sofort verändert.

Wenn du das Bremspedal deines Fahrzeugs nicht loslässt, kannst du nicht losfahren.

Nicht, aber auch gar nichts, ist für immer. Ich muss die Energien einfach fließen lassen, weil das Gesetz der Physik sagt, dass das Energiefeld sich sofort wieder ausgleicht - durch neue Energie. Doch wenn ich festhalte und klammere, blockiere ich Energie, ich stoppe den Fluss, noch schlimmer - ich entziehe mir Energie, es kann keine neue Energie nachfließen.

Ich muss sofort loslassen und fühle mich sofort frei. Dies alles, wirst du fragen, was hat das mit Geld zu tun? Antwort: Alles! Dazu komme ich später.

Zuerst musst du meinen, gleichzeitig deinen Lebensweg und deine Einstellung dazu kennen lernen, dann kannst du die Entscheidung treffen, was du tun möchtest. Denn jeder Mensch "funktioniert" gleich. Mögen auch die Einzelerfahrungen und Schicksale bis zu diesem

Zeitpunkt tausendmal verschieden sein, so hat jeder Mensch absolut die identischen Bedürfnisse:
Essen, Wohnen, Partner, Sex (Grundbedürfnisse).

Diese spielen die entscheidende Rolle.
Ohne diese Bedürfnisse und Verlangen ist der Mensch antriebslos. Er handelt nur, wenn er eines dieser Verlangen stillen möchte. Nach diesem Verhaltensmuster richtet sich der gesamte Lebensablauf.

Ein Wandel in dir tritt dann ein, in dem Augenblick, in welchem du ihn willst, zulässt und gedanklich vollziehst. Keine Angst! Was kann schon passieren? Im "schlimmsten" Fall kann alles so bleiben, wie es bisher war.
Ich verspreche es dir, es wird sofort Erstaunliches passieren. Was könnte alles möglich sein?

Ich denke an meine Tochter, im Bruchteil einer Sekunde kann sie fliegen („Ich bin ein Vogel!").
Oder sie ist eine Katze.
Sie ist eine Hexe.
Sie ist im Märchenland.
Sie ist hier oder sie ist weit fort.

Was ich damit sagen will, ist, das Kind hat Träume, es kann sich alles vorstellen, es ist nicht irgendwelchen Zwängen unterworfen, noch nicht.

Später, in der Schule, Lehre, Gesellschaft, Arbeit usw. wird es mehr und mehr "erwachsen", dann heißt es: „Dies darfst du nicht.", „Jenes kannst du nicht.", „Du bist verrückt.", „Du spinnst.", wenn irgendetwas nicht in die Norm passt. Langsam, aber sicher verliert der Heranwachsende seine Träume. Eingezwängt in den Mechanismus, den Kreislauf des Alltäglichen. Schade, sehr schade.
Wie soll so ein geformter Mensch etwas Besonderes

tun oder nur denken? Unmöglich!
Die Träume sind gestorben und - hart ausgedrückt -
auch der Mensch, nur sein Körper "lebt " automatisch
weiter.

Denke daran: Ein Mensch ohne Träume ist wie ein
Vogel mit gebrochenem Flügel, der nicht mehr fliegen
kann. Er verliert die Freiheit, wie der Vogel, der an die
Erde gebunden ist.

Möchtest du einen gebrochenen Flügel oder möchtest
du frei sein wie der Vogel?
Was willst du wirklich, wenn es ginge - funktionierte,
was du dir vorstellst?
Wie wäre das Gefühl?
Vielleicht hast du plötzlich wieder Träume oder musst
lernen, zu träumen.
Alles ist möglich, was du dir vorstellen kannst. Es gibt
keine Grenzen.
Allerdings musst du dafür etwas tun.

Ich habe vieles erreicht und fast alles verloren,
finanziell sowie privat.
Meine erste Frau ist an einer schweren Krankheit im
Alter von 47 Jahren verstorben. Da war ich 45 Jahre
jung.
Meine zweite Ehe ging auseinander, da war ich 53
Jahre jung.
Meine Firma ging in Konkurs. Insolvenz, Abstieg, bis
in eine 1-Zimmerwohnung ohne Küche, mit
Gemeinschaftsbad.

Und was jetzt?
Zwei Möglichkeiten:
1. Ich bemitleide mich selber, alles um mich ist
schuld: die Umstände, die Kunden, die Firma, die
Konjunktur, die Banken (auf die komme ich später
noch zu sprechen). Wer ist schuld?

17

oder

2. Ich besinne mich auf das Wesentliche, auf meine Verantwortung. Was will ich jetzt vom Leben für mich? Wo stehe ich jetzt? Was kann ich tun? Was habe ich?

> Ich stelle fest, was meine Stärken waren und sind.
> Ich weiß, ich werde niemals aufgeben.
> Ich stehe wieder auf, ich "greife" wieder an.
> Ich setze neue Ursachen.
> Ich stecke mir neue, klare Ziele.
> Ich zeige mir, was ich kann.
> Ich trainiere täglich meine Gedanken (Disziplin).
> Ich bin ein Gewinner.
> Ich besinne mich auf alles Positive, was ich erreicht habe.
> Ich werde die Fehler nicht ein zweites Mal machen.
> Ich lerne aus den Fehlern, sehe sie als Prüfungen, aus jeder Prüfung gehe ich weiter gestärkt hervor, Schritt für Schritt meinen Zielen entgegen.

Dies gibt mir täglich die Energie zum Handeln.
Schau jeden Morgen in den Spiegel und überlege, ob du das bist? Bist du dir selbst treu?

Mut

Kannst du dich selber loben? Und feststellen: „Das habe ich heute für meine Ziele getan. Das habe ich heute an neuen Ursachen für meine Ziele gesetzt"? Disziplin und nur Disziplin ist enorm wichtig!

Noch mal - eindringlich ins Gedächtnis - Mut.

> Mut, etwas zu sagen.
> Mut, Farbe zu bekennen.
> Mut, auch mal ein Risiko einzugehen.
> Mut, sich und andere zu fordern. Man kann und muss nicht von jedem geliebt werden.

Wir waren vorher bei den Zielen und Träumen. Diese Träume verfestigen sich mehr und mehr und werden fest in mir verankert.

Ich denke jeden Tag daran und stelle mir z. B. mein Hotel vor. 2016 entsteht mein Hotel für behinderte Sportler. Dies ist seit Jahren in mir gedanklich vorhanden - jetzt wird es allein durch das Gedankentraining mehr und mehr klar. Ich habe mir bereits einen Ordner angelegt und eine Strategie zur Vorgehensweise niedergeschrieben.

So programmiere ich mein Unterbewusstsein.

Ich sehe es genau vor meinen Augen, terrassenförmig gebaut in einer tollen Landschaft am Meer, angenehme Atmosphäre, mit begeisterten Trainern und Pflegern und vor allem mit zufriedenen Gästen.

Hier werde ich meine Lebensvision verwirklichen und Menschen helfen. Das gibt mit jeden Tag von Neuem den Antrieb, zu arbeiten, auch zu dienen, zu kämpfen, zu denken, bringt mir Innovation und Kraft.

Im August 04 habe ich bereits mit ersten Aktionen begonnen: Kontakte, Werbung, Promotion, Spenden sammeln, Sponsoren suchen, etc.

Ein tolles Gefühl! Wieder ein Schritt, ein kleiner Schritt auf meinem Weg.

Ich komme noch mal zurück zum Beginn meiner Lehre.
Jetzt verdiente ich mein erstes eigenes Geld, außer Taschengeld.

Du warst bestimmt genauso stolz - ein eigenes Konto, da kommt Geld drauf, das gehört mir. Super-spitze, ein Wahnsinn!

Dann ging ich auf die Bank (ich war ja selbst bei einer Bank beschäftigt, brauchte nur aus unserem Büro raus an den Schalter - maximal drei Minuten) und hatte mein Geld in der Hand.
So, was machte ich damit?
Ich wohnte zu Hause - kostenlos - hatte den Führerschein, also Sprit war meine Sache, sonst keine festen Ausgaben.
Im 1. Lehrjahr hatte ich 93,- DM, im 2. Lehrjahr 150,-DM, im 3. Lehrjahr 250,-- DM, ausgelernt dann ca. 1000,- DM netto.
Die Verlockungen kamen von allen Seiten. Ich war bei Festeinstellung nach meiner Lehre 21 Jahre jung:
  - *Ausgehen - fast jeden Abend Disco,*
  - *Bodybuilding- Club,*
  - *Bowling,*
  - *was essen, trinken,*
  - *Sprit,*
  - *Urlaub (zweimal im Jahr) musste sein,*
  - *anderes Auto etc.*

Du weißt, es gibt so vieles, und überall willst du ja

dabei sein, nichts vermissen, nichts verpassen, überall vorne dran.
Das geht eine Zeit lang - ein halbes Jahr, ein Jahr, vielleicht zwei Jahre.

Auf einmal war das Konto überzogen!
Wie konnte das sein? Ich hatte ja nur ...
Na ja, nicht so schlimm, im nächsten Monat konnte ich das Konto wieder ausgleichen - toll!
Doch das blieb meist eine Wunschvorstellung.
Inzwischen hatte ich mich an diesen Lebensstandard gewöhnt und schon hatte das Verderben begonnen - trügerisch, schleichend. Das ist das Verheerende.

Du hast alleine fast keine Chance, jemals in deinem Leben das zu lernen, was du unbedingt brauchst, um zu einem festen Zeitpunkt nicht mehr nur an Geld denken zu müssen.

Du schaffst es nicht einmal, aus der Überziehung des Kontos rauszukommen, ob das 50, 100 oder 1.000 Euro sind, spielt dabei keine Rolle. Und sag jetzt nicht , meine Eltern, mein Ausbilder, mein Banker, Bruder, Schwester, Freund, wer auch immer, ist Schuld.
Nein! du allein bist schuld - du hast ja das Geld alleine abgehoben und ausgegeben, oder?

Dieser Kreis geht später weiter: Kredit 1.000 Euro, kurzfristige Spritze – o. k. Dann Dispo - wird bis zum Limit ausgeschöpft, irgendwann sind es 2.000-3.000, später 10.000 Euro. Immer wieder werden alte Löcher gestopft und neue aufgemacht. Dann planst du vielleicht Anschaffungen, z. B. Auto, Möbel, Reisen, Schmuck, Haus etc.

Vielleicht findest du eine Bank, die dir eine Vollfinanzierung anbietet - 500.000 Euro für deinen Lebenstraum - oder du erbst noch schnell 50.000

Euro, dann sind nur 450.000 Euro finanziert - und schon hast du den "Klotz" am Bein - 25 oder 30 Jahre lang.

Die Bank erhält über eine Laufzeit von 30 Jahren ca. das Doppelte zurück, was sie finanziert hat, bei einer konventionellen Finanzierung, also aus 450.000 werden ca. 900.000 Euro, die Bank verdient dabei also ca. 450.000 Euro.

Du kannst natürlich weiterhin zweimal im Jahr in Urlaub, alle zwei Jahre ein neues Auto, zweimal pro Woche mit Familie essen gehen, zweimal im Monat ins Theater, teure Klamotten, das Feinste vom Feinsten und noch viel mehr. Bei einem Durchschnittseinkommen von ca. 1.600 Euro netto im Monat in Deutschland, wovon schon die Bank bei 5 Prozent Zins und 1 Prozent Tilgung im Monat ca. 2.250 Euro bekommt.

Wenn du trotzdem ein Plus erwirtschaften kannst, bist du ein Lebens- und Finanzkünstler oder ein Magier. Dann ruf mich bitte sofort an!

Was nun?
Ist es zu spät, um da wieder rauszukommen?
Die Bank hat dich fest in ihren Krallen.
Entweder Hausverkauf, Lottogewinn oder mehr verdienen. 2.000 Euro mehr im Monat und alles ist im grünen Bereich.
Wenn das so einfach ginge, würde es jeder machen. Nur: die Praxis zeigt, dass 99 Prozent aller Menschen es nicht können.

Oder gibt es noch einen anderen Weg?

Ich sage dir, es gibt einen.

Du kannst wählen zwischen dem schweren oder dem einfachen Weg. Du erhältst später die Lösung zum einfachen Weg, ich gehe davon aus, dass du diesen möchtest.

Zur Veranschaulichung ein Beispiel:
Wie aus 25 oder 50 Euro ab Geburt oder 18 Jahren bis 60 Jahre ein Vermögen wird:

25 Euro   50 Jahre   3 Prozent   ergibt 150.757,90 Euro

50 Euro   45 Jahre   6 Prozent   ergibt 1.213.838,49 Euro

Das heißt: Wenn du mit 18 Jahren anfängst, monatlich nur 50 Euro bei 6 Prozent bis 63 Jahre (45 Jahre) zu sparen, erhältst du ein Vermögen von über **1,2 Millionen**!

Die Stunde kommt, in der du erfährst, wie du finanziell unabhängig sein wirst. Frei und in dir ruhend, vollkommen vereint mit dem Leben - deinem Leben!
Doch vorher musst du lernen, Grundregeln zu kennen und zu beachten - und vor allem einzuhalten, komme was wolle.

Das beste Beispiel siehst du bei mir.

*Es begann mit meiner Lehre, meiner Ausbildung, nach dem folgenden Wehrdienst und ging, wie vorhin beschrieben, so mehr schlecht als recht bis zum Jahre 1993 (ich war 43 Jahre). Da kam mir ein Gedanke - jetzt verdiene ich mehr, viel mehr Geld und ganz einfach. Ohne die notwendige gründliche Vorbereitung, ich meine damit Planung, und das entsprechende Eigenkapital, ging ich drauflos:
Fünf Objekte in vier Jahren gekauft - Gesamtvolumen 2,5 Mio. Euro.
Es ging Zug um Zug. Die Banken finanzierten alle Objekt voll. Ich legte die Unterlagen vor, ein Konzept, d .h. soviel Einnahmen und Ausgaben, berechneten*

mir die Banken.

Ich hatte einen genügenden Überschuss pro Objekt bzw. gesamt: ca. 8.000 Euro pro Jahr. Ich wurde gelobt! „Ein gutes Konzept, gute Strategie!"

Innerhalb einer Woche waren jeweils die Kreditzusagen da. Verträge unterschreiben, fertig - alles doch so einfach.

Also wollte ich noch schneller und noch mehr.

Gier frisst Hirn!

Ein-zwei Jahre lief das Ganze fast ganz gut, bis ein Objekt eine Mieteinnahmenhalbierung durch die Stadt (Stadt war Mieter) erfuhr.

Damit war der Abstieg besiegelt!

Dieses "Loch" konnte ich langfristig nicht füllen.

Ich konnte nicht Monat für Monat einige tausend Euro zuschießen, weder privat noch aus den anderen Objekten.

Denn dann fehlte das Geld dort.

Eine Bank nach der anderen wurde hellhörig und misstrauisch.

Die erste kündigte mir den Kredit, dann die nächste usw.

Innerhalb eines Jahres war ich praktisch pleite. Ich wollte es nur noch nicht wahrhaben.

Jetzt kam der nächste entscheidende Fehler!

Verzögerungstaktik von mir und hoffen, hoffen, hoffen. Es wird vielleicht doch noch. Eine klare Fehleinschätzung!

Inzwischen weiß ich, durch Hoffen und Nichthandeln passiert gar nichts. Ich bekam Rechnungen, Mahnungen, wartete bis zum letzten Drücker, hatte dann auch noch Leerstände, Mieterwechsel, Reparaturen.

Alles sammelte sich zu einem riesigen Berg, dann kamen von den Banken die Schreiben: „Haus steht zur Zwangsversteigerung an".

Irgendwann hatte ich keine Kraft mehr, mit Banken und anderen Gläubigern zu verhandeln, ich ließ es einfach geschehen, wartete, leer im Kopf. Dann kam immer öfter ein ungutes Gefühl, dann die Angst, ich war wie gelähmt. Aus!

Anstatt rechtzeitig mit den Betroffenen zu reden, zu handeln, einfach irgendetwas zu tun, immer noch besser als gar nichts.
Eine Entscheidung treffen, auch wenn es falsch ist, es verändert sich wenigstens was, es kann eine Chance sein!
Aber so geschah nur eines: Die Sache machte sich selbstständig, geriet außer Kontrolle, ich hatte überhaupt keinen Einfluss mehr.

Dann kam der Gerichtsvollzieher, fühlte sich bald bei mir wie zu Hause, erzählte, trank Kaffee, irgendwann musste ich die eidesstattliche Versicherung abgeben, dann mehrmals. Im Jahr 2004 übergab ich die ganze Angelegenheit einem Insolvenzanwalt, der für mich nach dem neuen Gesetz die Insolvenz beim Gericht beantragte.
Dann lief die Zeit zu meinen Gunsten - im Jahr 2012 war ich wieder "frei", d. h. alle Eintragungen in Schufa etc. wurden gelöscht.

Als ich das erkannt hatte, dazu meine Fehler aus der letzten Beziehung , war ich praktisch auf null - finanziell.
Trotzdem geht's mir jetzt besser als in den Jahren 1999 bis 2004, ich verdiene zwar viel, viel weniger, habe aber auch die Kosten auf das Nötigste reduziert! Vorher hatte ich mehr Ausgaben als Einnahmen, was nie lange funktioniert. Jetzt habe ich mehr Einnahmen als Ausgaben.

Dies ist (war) der Wendepunkt.

Wenn ich nur 5, 10 oder 50 Euro mehr einnehme, als ich ausgebe, kann ich mir ausrechnen, wann ich wie viel habe.

Das gibt Motivation!

Wichtig: Ich muss konsequent (und das war ich nie genug in meinem Leben vorher) mir und anderen gegenüber auch mal hart sein. An mich denken.

Priorität 1
Auf dieser Basis baue ich jetzt meine private und finanzielle Zukunft auf.
Hierbei kommt mir zu Gute, was ich in den letzten sechs Jahren bei einem großen Unternehmen als eigener Unternehmer, also selbstständig in vielen Seminaren, Schulungen, auch durch Lektüre und natürlich im täglichen Geschäftsleben gelernt habe. In diesem Konzern war ich sehr erfolgreich. Ich bekam unzählige Auszeichnungen, Ehrungen, nahm an vielen Meetings teil und leitete auch verschiedene Schulungen selbst. Ich verdiente im Schnitt 5.000–6.000 Euro im Monat.
Das ist mehr als 95 Prozent der Bundesbürger verdienen. In Spitzenmonaten erreichte ich sogar 10.000 Euro netto.

Dieser Verdienst - und deutlich mehr - ist nur möglich im Verkauf und im Vertrieb.

Allerdings hatte ich auch einen riesigen Kostenaufwand: Büromiete, Telefon, Material, Sprit, private Miete, großes Auto, - und dann kamen auch noch meine "Altlasten", die mich immer wieder einholten.
Dazu kamen in den letzten 1 1/2 Jahren dann noch private Spannungen, wobei 98 Prozent aus finanzieller, desolater Lage entsprangen. Lange kämpfte mein Geist (Kopf) dagegen an, immer wieder

*raffte ich mich auf und kämpfte - manchmal wusste
ich nicht mehr wofür.*

Gleichzeitig wollte mein Gefühl nicht mehr und mein
Körper zeigte immer mehr Müdigkeit - und der Kopf
geistige Ausfallerscheinungen. Die Folge: Hektik,
Fehler, was sehr viel Geld kostete.

Daraus entstand dann der Ausstieg aus der Firma und
ein halbes Jahr danach die private Trennung.

Neubeginn

Kurze Vorgeschichte:

Bis zum Alter von 50 Jahren war ich ein absoluter Realist.
Deshalb bin ich jetzt kein Träumer oder Spinner.
Früher war für mich nur existent, was nachweisbar, belegbar, sichtbar war. Alles andere gab es nicht. Punkt. Aus.
Durch gewisse neue Kontakte, Gespräche, auch Lektüre und das Spüren am eigenen Leib, wurde ich offener, erst sehr vorsichtig, dann aktiv, und dann kamen einfach einige Geschehnisse, die sehr erstaunlich, aber sehr positiv waren.
Hier die Geschichte, besser das "Göttliche" - das mir im Urlaub passiert ist.

Hier erwartet dich wohl der wichtigste und entscheidende Hinweis, den du dir bisher wohl nicht vorstellen kannst.

Dieser "Hinweis", mein Erlebnis, ist für dich nur erkennbar und nachvollziehbar, wenn du dich jetzt ganz entspannt und ohne Vorurteile auf diesen Passus konzentrieren kannst.
Sei offen, stelle dir vor, dass nichts unmöglich ist.

Alles ist möglich, was dein menschliches Gehirn sich nicht erklären kann.
Es gibt dafür keine Ratio.
Es gibt dafür nur den festen Glauben daran, dass es Erscheinungen gibt, die der "normal denkende Mensch" nicht sofort begreifen kann.

Also, wenn du bereit bist, mache es dir bequem uns sorge dafür, dass du in den nächsten 15 Minuten nicht gestört wirst.

Dieser Bericht aus meiner Erfahrung hat ab diesem Zeitpunkt mein Leben total verändert. Ich lebe die Liebe und liebe die Menschen. Vollkommen!
Mit Liebe bin ich auf dem Weg zum ewigen Leben. Dieser Prozess verstärkt sich fortlaufend und macht immer mehr Spaß.

Wenn du diesen Weg auch gehen solltest und weitere Menschen sich anschließen, bin ich sicher, dass die Menschheit auf Dauer von Kriegen und Hunger befreit werden wird.
Dies wäre die größte und von der Wirkung wohl stärkste Wandlung der Gesellschaft, seit der Geburt Jesus.
Ich habe mir zum Ziel gemacht, meinen Anteil dafür mit aller Kraft beizutragen.
Auch du kannst dein Leben ab sofort neu beginnen! Nutze die einmalige Chance.

Also:

Wir waren mit unserer Tochter, damals 3 Jahre alt, im Urlaub auf Fuerteventura. Wunderbare Anlage, mit allem, was man sich vorstellt, um sich gut zu erholen. Für die Kleinen gab es auch einen Miniclub, bei dem sehr viel Programm und viele Aktionen geboten waren.
Unsere Kleine war, wie wir sie kennen, immer topfit, aktiv, der "Star", einfach glücklich und kaum zu bremsen.
Nach einer Woche hatte sie sich erkältet, laut Arzt irgendeinen Virus eingefangen. Dreimal Arztbesuch, dann wurde sie apathisch, hat fast nichts mehr gegessen, Fieber.
Nicht einmal ein Eis konnte sie aus ihrer phlegmatischen Situation locken.
Nach drei Tagen wurde das Fieber höher, ca. 39-40 Grad.
Auch fiebersenkende Mittel halfen nicht mehr. In

unserer Verzweiflung riefen wir in Deutschland bei unserem Kinderarzt an. Der ist absolut super. Er sagte, dass sie halt viel trinken sollte, wir sollten Wadenwickel machen, aber sonst uns nicht allzu sehr sorgen. O.k.
Trotzdem hatten wir natürlich viele Sorgen.
Am nächsten Morgen und in der darauffolgenden frühen Nacht war das Fieber auf 41,2 Grad gestiegen. Noch mal Medizin und Wadenwickel und – warten.
Ich war so unruhig. Ich setzte mich mit einem Drink und einer Zigarette auf unsere Terrasse und versuchte göttliche Hilfe zu bekommen. Ganz intuitiv und ohne weiter nachzudenken.
Nur nach meinem Gefühl - und es war das Richtige, was ich tat.
Ich konzentrierte mich und bat den Engel Gabriel, uns und unserer Tochter Kraft zu geben und ihr zu helfen.

Ich vertraute also auf das, woran ich Jahre vorher niemals hätte denken können.
Es war der richtige Zeitpunkt für mich und ich ließ mich leiten - ohne Zweifel - und ohne Einschränkungen des Vertrauens.

Das dauerte ca. 15 bis 20 Minuten und plötzlich erschien direkt vor mir der Engel. Engel Gabriel! Ca. zwei Meter groß, in hellem, weißem Gewand, rundes, angenehmes Gesicht, strahlend. Warme Augen, etwas buschige Augenbrauen und dickes, schulterlanges, hellbraunes Haar; ruhige und vertrauensvolle Ausstrahlung und Energie ...

Bleibe bitte jetzt beim Weiterlesen unvoreingenommen und lasse das Geschilderte auf dich nur wirken. Das ist enorm wichtig. Vertraue mir und vor allem deinen Gefühlen.

Ich war wie elektrisiert, erst völlig erstaunt, aber trotzdem erstaunlich ruhig und entspannt, ich spürte,

es konnte nur was Gutes passieren!
Ich vertraute einfach, ohne nachzudenken, und es
war gleich eine starke Erleichterung und
Entspannung da.

Es ist sehr schwer, diese Begegnung in die richtigen
Worte zu fassen, besonders für einen
"Außenstehenden", der in diesem Bereich bisher
keine Vorinformationen bzw. die Offenheit besitzt, um
sich für solche Geschehnisse zu öffnen.

Aber es ist geschehen!
Die Erscheinung war, wie oben beschrieben, glasklar,
wie ein Photo, klare Umrisse, klare Konturen. Ich kann
- heute - noch exakt ein Bild davon malen. Dies ist
allerdings jetzt sekundär.
Das Entscheidende ist: Das Fieber war vormittags um
ca. 8 Uhr fast verschwunden - ca. 38,5 Grad . Die
Kleine war den Umständen entsprechend wieder in
Ordnung.
Später stellten wir fest, dass auch noch Heimweh mit
im Spiel war. Sie war bis zur Abreise noch etwas
ruhiger als sonst, aber körperlich o.k.
Das Fieber war weg.

Denke jetzt, was du willst.
Das Erwünschte war eingetreten. Sonst zählte erst
mal nichts.

Alles ist möglich! Gib dir und den "anderen" Kräften
die Chance.

Dieses Geschehnis veränderte natürlich sofort
einschneidend und nachhaltig mein ganzes folgendes
Leben. Alles, wirklich alles, war ab dem Zeitpunkt
anders.
Ich empfand dies als etwas Besonderes für mich, ich
wurde "auserwählt", ich erhielt die Hilfe, mir wurde
ein göttliches "Zeichen" gegeben.

Dies zu schätzen und dafür zu danken, so lange ich lebe, war für mich wichtig und ist es auch heute.
Unter diesem Aspekt verläuft mein Leben und es macht immer mehr Spaß und gibt immer mehr unvorstellbare Energie.

Du wirst nachfolgend lesen, wie sich Situationen mehr und mehr auf Liebe und Dankbarkeit ausrichten.
Ziehe daraus deine eigenen Schlüsse.

Lass einfach mal was Neues zu.
Um dies zu schaffen, muss ich mich allerdings selbst besser kennen lernen.

Nur so kann ich meine inneren, tiefsten Gefühle auch spüren und lernen, sie zu steuern, mich zu konzentrieren und Eingebungen von "außen" aufzunehmen und zu deuten.
Ich lerne so, kleine oder größere Hinweise und Zeichen zu erkennen und daraus meine Handlungen abzuleiten.

Auf diese Weise wirst auch du in immer neu wiederkehrenden Schritten deinen Gedanken die neue gewünschte Richtung geben können - dafür musst du dir über dich im Klaren sein.

Früher war man allgemein der Meinung, dass man seine Schwächen verringern sollte - also daran arbeiten.
Diese rücken ja dann in den Mittelpunkt. Dies ist genau der falsche Weg. Reine Zeit- und Energieverschwendung.

Du musst deine Stärken kennen und auch bewusst und gezielt für deinen Erfolg einsetzen.
Diese Stärken sind deine Pluspunkte, mit denen du gewinnst.

Nimm dir dafür die Zeit und denke darüber nach.

Schreibe alle deine Stärken auf Blatt (mindestens zehn Stück).
Verinnerliche dir diese Stärken und fördere diese.

Du musst sie jederzeit kennen und lernen, zum richtigen Zeitpunkt einzusetzen. Die sind das, was deine Person, dein Charisma, deine Ausstrahlung, deine Persönlichkeit ausmachen.

Wie lerne ich meine Stärken kennen?

Beantworte dir folgende Fragen:

> Was kann bzw. mache ich privat am liebsten?
> Was habe ich bisher geleistet (im Beruf)?
> Kann ich gut planen?
> Kann ich längere Zeit kontinuierlich arbeiten?
> Kann ich mich und andere begeistern?
> Kann ich mit Druck umgehen?
> Kann ich mich selbst motivieren?
> Kann ich gut führen?
> Bin ich eher introvertiert oder offen?
> Bin ich teamfähig?
> Bin ich kritikfähig?
> Bin ich geduldig?
> Bin ich bereit, eine gewisse Zeit auf vieles zu verzichten?
> Bin ich stark genug, gegen äußere Umstände zu bestehen?
> Bin ich loyal?
> Bin ich ehrlich?
> Habe ich gegenüber allen Menschen erst mal eine positive Einstellung?
> Bin ich erpressbar?

Es fehlen sicher noch viele Punkte, die du dir eventuell selbst ergänzen kannst.

Ich habe mir lange überlegt, ob ich dir das vorangeschilderte Erlebnis mit der Erscheinung des Engels erzählen soll und darf. Ich bin sicher, es ist in Ordnung, weil dieses Geschehnis ja auch dir helfen und nichts "Negatives" passieren kann.

Deshalb auch, weil das Buch dir auch Erfahrungen von mir geben soll, die dich unterstützen, dein Leben zu verändern und du einen gewaltigen Schritt in deiner Persönlichkeitsentwicklung machen kannst.

Setzt du diese Erfahrungen tatsächlich um, so wird sich dein Leben wahrhaftig grundlegend ändern.

Zu dieser Entwicklung ist ein starker und geschulter Wille erforderlich.

Warum?
Weil die Bequemlichkeit und die eigene Trägheit dies verhindern.

Wieso sollte der Wille auch anders geprägt sein, wenn er vorher niemals geschult wurde.
Der Erfolg, den wir uns ja wünschen, ist kein Selbstläufer!
Erfolg musst du lernen.
Ursachen setzen, bereit sein, einen "Preis" für deinen Erfolg zu bezahlen, und das Entscheidende:
Erfolg musst du unbedingt wollen!

Jeder Mensch hat das Potential für den Erfolg in sich, es muss nur geweckt werden.
Ich spürte es bei mir, dann kam der Erfolg.

Geplant, fleißig umgesetzt - ich erreichte Stufen in der Karriere. Anerkennung, Geld, ganz persönliche Genugtuung, bis ... ich mein Ziel aus den Augen verlor, mich zu sehr auf meine Partnerin konzentrierte, mich selber vernachlässigte, dann schwand der Erfolg - eine "Prüfung" kam - musste kommen - nur dadurch ist es möglich, zu lernen. Jetzt stehe ich wieder vor meinem nächsten Erfolg, weil ich mein Ziel wieder täglich klar vor Augen habe.

Ich besinne mich auf meine Stärken, die mir immer geholfen haben und die mir jetzt wieder zur Verfügung stehen.

Ich denke, dieses Buch ist auch deshalb außergewöhnlich, weil es nichts Vergleichbares gibt. Viele - besonders Prominente - schreiben ihre Memoiren, ihre Biografien, in erster Linie, um durch ihren Namen noch mehr Geld zu verdienen.

Ich habe noch keinen "Namen". Es ist auch vollkommen o.k., mag auch spannend und ab und zu mit Erfahrungen verbunden sein, die dir im Leben weiterhelfen können.

Nur ob es einem Promi gut geht, wie viel Geld er hat, wie viele Affären und sonst noch alles, hilft dir finanziell und persönlich nicht weiter.

Ich schreibe (ich verdiene auch Geld damit, klar) in erster Linie, damit du die Chance hast, dein eigenes Leben zu verändern, deine Träume zu erkennen und zu erreichen, und dafür brauchst du in unserer Zeit auch Geld, manchmal viel Geld.

Bei mir war es so, dass ich immer Geld holen konnte, mehr als ich verdiente, ab und zu mal ein Hinweis, das Konto nicht mehr zu überziehen, aber keine Konsequenz, wenn alles nicht befolgt wurde. Nichts geschah.

Ohne Konsequenz wird sich niemals was ändern!

Jetzt geht es darum, dir zu zeigen, wie du mit relativ geringem Einsatz dein Vermögen aufbauen kannst.

Beispiele:
25 Euro   50 Jahre   3 %   ergibt 150.757,90 Euro

50 Euro   45 Jahre   6 %   ergibt 1.213.838,49 Euro

Du siehst also, welche Möglichkeiten dir offen stehen, in einer von dir festgelegten Zeit finanziell unabhängig zu sein.

Nicht wichtig ist, was du verdienst, wichtig ist, was du sparst

Entscheidend bist du, wie immer - ausschließlich du! Lass andere sagen: "Das geht nicht! Du spinnst. Was soll das?" u.s.w.
Lass alle Kritik und alles Gerede an dir vorbeigehen.

Auf einen Punkt kommt es an: dass du dein Vorhaben eisenhart und konsequent durchhältst, egal was passiert.

Dieses Geld darfst du in dieser laufenden Zeit niemals anrühren - nie! Sonst platzt dein Traum!
Glaube ja nicht, dass dir z. B. die 50 Euro im Monat irgendetwas von deinem Lebensstandard wegnehmen - im Gegenteil. Stelle dir vor, du kommst deinem Ziel immer näher.

Wie geht es dir?
Wie geht es deinem Selbstbewusstsein?

Du wirst stolz auf dich sein, was du geleistet hast, und du wirst deinen Traum erreichen! Dazu bist du geboren: zu gewinnen!

Die Bank wird - und das ist das Geniale - nur eine

Nebenrolle spielen. Sie wird dir die Zinsen gutschreiben – fertig. Mehr braucht sie nicht zu tun.

Du brauchst bei ihr nicht in die unterwürfige und menschenunwürdige Bittstellerrolle gehen.

Noch mal meine Zeit im Alter von 18 bis 50 Jahren.
Das ist ein sehr langer Zeitraum.
Das kann - ich weiß es nicht - das halbe Leben sein.

> Was habe ich in dieser Zeit getan?
> Was habe ich erreicht?
> Wo stehe ich?
> Wie habe ich gelebt?

Stelle dir auch diese Fragen, soweit du zurückgreifen möchtest.

Ich habe immer locker gelebt, mehr in den Tag hinein - ohne große, besser ohne jegliche Planung.

Das ist einerseits gut - hat auch meistens funktioniert, d.h. ich bin regelmäßig ausgegangen, habe nicht aufs Geld geschaut - es war immer zum richtigen Zeitpunkt genug da.

Wir waren zweimal im Jahr im Urlaub.
Wir hatten mal kleine, alte, mal große Autos, auch mal ein Motorrad, Campingwagen, Essen gehen, also alles, was so üblich fast jeder hat. Ganz "stinknormal".

Also alles im "grünen" Bereich. Durchschnitt.
So könnte ich bis zu meinem Tod weitermachen.
Aber irgendetwas muss ja geschehen sein, dass ich eben genau **das** nicht mehr möchte!?
Was ist das?

Erst 2003/04 wurde mir klar, was im Leben wichtig ist,

wie schnell auch die gesamten Jahre vergangen sind.
Nur heute bin ich mir absolut sicher, dass ich mehr
kann, zu mehr geboren bin, und ... mehr will.
Das gilt auch, wenn du es erkennst - und willst - für
dich!
Ich weiß, das Wichtigste von allem ist meine
Gesundheit - ich hab nur **eine**. Mit meiner Gesundheit
muss ich aufmerksam und einteilend umgehen, d. h.
ich muss sie auch entsprechend pflegen!

Wir sind hier wieder - und das gilt für jeden Bereich -
bei dem Punkt: Von nichts kommt gar nichts!

Denke bitte daran - ohne Gesundheit ist alles nichts!
Wenn du diesen wichtigen Punkt beachtest, kannst du
dich ruhig auf deine Ziele konzentrieren - ob privat
oder geschäftlich.

Ich persönlich möchte in dieser Welt meinen Beitrag
leisten, was Positives für die Menschen erreichen und
hinterlassen.

Helfen macht Spaß und gibt so viele positive
Feedbacks, ein unbeschreiblich schönes Gefühl!
Das wirklich "Schlimme" in unserer Welt sind die
Hassgefühle, daraus entsteht Mangel an allem und
Tod.

Die Staaten versuchen in ihrer Unfähigkeit und den
daraus resultierenden Reglements gegenzusteuern -
leider mit sehr wenig Erfolg. Warum?
Je mehr Reglements und Einschränkungen entstehen,
umso mehr werden gebrochen. Eine - am Ende -
tödliche Spirale!

Dabei vergessen sie, ausgenommen einige wenige
bekannte Persönlichkeiten wie Mahatma Gandhi,
Nelson Mandela oder vor 2000 Jahren Jesus, um nur
drei zu nennen, das Wichtigste auf der ganzen Welt,

was bald 10 Milliarden Menschen, um in Frieden leben zu können, brauchen: die Liebe.

Wenn jeder Mensch anderen nur das "zufügt", was er selbst für sich erwartet, - also jeden Menschen so behandelt, wie er selbst behandelt werden möchte, - dann gibt es ab sofort keinen Krieg mehr.

Wahnsinn! Was der Mensch alles schaffen kann, wenn er sich auf seinen Ursprung besinnt und seinen Kopf nicht dafür einsetzt, welche noch mehr mörderische Waffen er entwickeln kann.
Das wäre der größte Schritt seit Existenz der Menschheit, den wir je getan hätten (ohne einen einzigen Euro Kosten).

Es muss die Verpflichtung eines jeden Einzelnen von uns sein, daran mitzuhelfen.
Wacht auf! Wir sind dies unseren Kindern schuldig.

Nichts, was wir kennen, kann eine größere Bedeutung haben. Nehmen wir dies so ernst, wie es ist. Hören wir auf, auf die anderen zu schauen und zu schimpfen. Schaut jeder auf sich, dann hat er wahrlich genug zu tun.

Resümee: Alles, jede Veränderung, beginnt im eigenen Kopf.

Ich habe das selbst erlebt, jeder Mensch, mit dem ich jemals in Kontakt kam, war irgendwann positiv und offen, mir gegenüber - wenn ich lange genug und mit Ausdauer immer wieder freundlich und auch verzeihend ihm gegenüber aufgetreten bin!
Das ist eine riesige Erkenntnis!

Was ich nicht schaffe - das schaffst du.

Wenn du zu deinem Zeitpunkt die Entscheidung

treffen solltest, auch etwas Besonderes zu leisten, dann musst du dir ein klares Bild dafür schaffen, am besten schriftlich niederlegen und/oder durch entsprechende Fotos zusammenstellen, als Vernissage darstellen, so dass du dieses Bild täglich vor dir siehst.

Als Nächstes musst du ein zeitliches Limit festlegen, in welchem du dein Ziel erreichen möchtest.
Dann brauchst du eine Planung mit darin enthaltenen Zwischenzielen und du musst natürlich diese Planung einhalten, dafür musst du sie regelmäßig kontrollieren.
So kommst du dem Schlussziel Schritt für Schritt näher. Konsequent und ohne Ablenkung wirst du deinen Weg gehen.

> Du kannst dein Ziel gar nicht verfehlen.
> Du bist ein besonderer Mensch.
> Du hast Besonderes geleistet.

So ist es bei mir seit 1999.

Durch den damals beruflichen Wechsel lernte ich das **erste** *Mal in meinem Leben, meinen Erfolg zu planen. Ich gebe zu, es war nicht leicht. Aber "leicht" kann jeder, ich bin aber nicht jeder.*

Im ersten Jahr machte ich die schwere Erfahrung mit verschiedenen Statistiken.
Was ganz "Neues" für mich. Ich bin nicht der kühle Rechner und Planer, nicht "blau" veranlagt und schon gar kein Papierliebhaber. Ich hasste den Papierkram. Immer wieder versuchte ich, dies irgendwie zu umgehen oder nicht so ernst zu nehmen.
Es funktionierte "so lala". Allerdings bläute mir meine damalige Betreuerin - sie ist ein Profi im Planen - solange die Statistiken ein, bis ich bald "spuckte",

wenn ich Papier sah.

Ich wollte nicht mehr. Heute bin ich ihr sehr dankbar, dass sie mich immer und immer - auch sehr scharf - aufforderte und kontrollierte.
Irgendwann erkannte ich, dass mir die Statistik nützen und nicht schaden würde. Damit war dieses Thema durch.
Als ich meine Sechs-Euro-Stufe plante (eine Karrierestufe zum Kanzleileiter in der damaligen Firma) habe ich durch diese Planung, und natürlich durch das Ausführen. mein Ziel erreicht.
Diese Planung ging über ein halbes Jahr.
Diese Zeit war ziemlich aufreibend, aber durch die oben genannte Statistik wusste ich jeden Tag, wo ich stand. Nur so konnte ich mein Ziel erreichen - auf den Punkt.
Das Gefühl nach Erreichen war erhebend und außergewöhnlich gut für mein Selbstwertgefühl.
Ich wusste, was ich selber wert war!

Damit war selbstverständlich auch das Finanzielle entsprechend mehr als in Ordnung.
Ich habe in diesem halben Jahr mehr verdient als vorher in einem Jahr - also mein Gehalt verdoppelt, ca. 60.000 Euro netto im halben Jahr. Das ist mehr als 95 Prozent im Durchschnitt verdienen. Somit gehörte ich zu den 5 Prozent Spitzenverdienern!
Auch anschließend, bis ca. einschließlich 2002, hatte ich ca. 60.000 bis 70.000 Euro p.a. verdient. Das ist nicht schlecht.
Danach wurde die Kontrolle der Planung und Statistik deutlich vernachlässigt. Ich war noch nicht reif genug, mich selbst zu kontrollieren.

Ergebnis: meine Aktivitäten und damit mein Gehalt gingen zurück und meine Fehlerquote erhöhte sich.

Zumindest weiß ich heute, auf was es ankommt:

41

Eigenkontrolle und Fordern des Ansprechpartners im Unternehmen.
Diese Erfahrung ist ein wichtiger Baustein, um meinen jetzigen Erfolg zu planen und zu erreichen.

Fassen wir einmal das bisher Erfahrene zusammen: Wichtig für dich ist, das Leben in neue, von dir gewünschte Bahnen zu bringen, mit Hilfe einer 10-Punkte-Liste:

> - Wirf alte Erfahrensmuster über Bord!
> - Stelle dir neue Leitsätze auf (z. B. „Ab sofort werde ich dies anders machen als bisher")"
> - Lerne und übe täglich, anders zu denken!
> - Trainiere deine Stärken!
> - Lerne, Verantwortung zu übernehmen - auch bei Misserfolgen!
> - Ergründe, was du wirklich willst!
> - Lerne, ein Egoist zu sein!
> - Zeige Mut!
> - Triff Entscheidungen - nicht von anderen treffen lassen!
> **- Lerne, bedingungslos zu lieben!**

Überprüfe in regelmäßigen Abständen die Einhaltung oben genannten Punkte.

Ich sprach vorher von meiner Betreuerin, die mich über die sechs Jahre auch ausbildete, in allen Bereichen wie Motivation, Schulung in Verkaufsgesprächen, Videotraining, Sprachtraining, Körpersprache, Einstellung. Ohne sie hätte ich niemals den Erfolg haben können.
Sie eröffnete mir auch Möglichkeiten, außerhalb der Firma Menschen kennen zu lernen, die Erfahrungen weitergeben konnten.

Du solltest dich umsehen nach einem Menschen, der weiter ist als du, der dich "mitzieht", der dir in gewissen Punkten Vorbild sein kann, der dich "coachen" kann.

Vor allem musst du unbedingt Vertrauen zu dieser Person haben, so dass du auch bedingungslos Tipps annehmen und umsetzen kannst.
Gerade wenn du nicht mehr weiter weißt, kann dir dein Trainer wieder den Weg zeigen und dir dadurch neue Energie geben.

Ich möchte dir auch hier ein Beispiel geben, damit du siehst, dass jede Aussage ihren realen Hintergrund hat und du dich auf meine Tipps auch verlassen kannst.

Meine Jugend, auch die Kindheit, soweit ich mich zurückerinnern kann, waren geprägt von der Dominanz meines Vaters. Er war in der Familie das absolute Oberhaupt - auch gegenüber meiner Mutter. Ich wurde angehalten viel zu arbeiten, d. h. in der Schule durch Sonderaufgaben, in den Ferien, zuhause im Garten, auch Bestrafungen - natürlich im Rahmen für die Erziehung sehr wichtig - bis hin zu Schlägen - und dies öfter.

Deshalb hatte ich viele Jahre einen gewissen "Hass" auf meinen Vater. Selbst nach seinem Tod - ich war damals 18 Jahre alt, - konnte ich nicht weinen. Zu viel "Negatives" war zurückgeblieben.
Dies war solange in meinem Unterbewusstsein, bis ich mit 51 Jahren - nach 33 Jahren - einen Menschen kennen lernte: meinen Coach.
Er betreute mich im Jahre 2001 ca. ein Jahr lang privat und beruflich. Er stellte mir in den Sitzungen Fragen, um mich besser kennen zu lernen. Dabei kam das Gespräch auch auf meinen Vater. Als ich ihn mein Verhältnis zu meinem Vater geschildert hatte, stellte er mir eine einzige Frage: "Kann es sein, dass dein Vater keine andere Möglichkeit sah, dich zu erziehen,

als manchmal auch mit Schlägen, weil er vielleicht zu
schwach war?"
Ich gab innerlich die Antwort und in diesem
Augenblick hatte ich meinem Vater verziehen!

Du siehst also, wie wichtig dieses Gespräch war.
Es ist möglich und erstrebenswert, zu lernen, wie du
die absolute und bedingungslose Liebe erreichen und
täglich praktizieren kannst.
Dies ist entscheidend für ein Leben voller
Glücksgefühle.

Stell dir mal einen Tagesablauf oder eine Woche in
deinem Umfeld vor.

Unsere Ellbogengesellschaft hat Auswüchse
angenommen, die sich immer mehr in Aggressionen
(schon bei Kindern und Jugendlichen), Alkohol,
Drogenkonsum Vereinsamung, Trennung, etc.
spiegeln.

Die Hemmschwelle, andere zu verletzen,
wegzudrücken, zu übervorteilen, wird immer
niedriger. Dies beginnt am Arbeitsplatz und hört im
Straßenverkehr nicht auf.

Die Menschen müssen sich ablenken. Da gibt es jeden
Tag irgendwelche Events, überall müssen sie dabei
sein, jede Sekunde ist verplant. Ja nichts verpassen
und bei allem mitreden, alles wissen, alles können.
Dabei bleibt vor lauter Hetze der Mensch selbst auf
der Strecke. Die Folge: Krankheit, Trennung,
Einsamkeit, Unzufriedenheit, Hass, Neid, Mord und
Totschlag.

Es muss **die Wende** kommen!

Wende

Die Wende kommt aber nicht allein.
Die Wende kommt nur von jedem einzelnen
Menschen auf der Welt, d. h. von mir, von dir.

Ich muss diesen Teufelskreis durchbrechen. Dafür
brauche ich ein klares Bild.

- Was muss ich tun?
- Wie verhalte ich mich?
- Wie geht das?

Hier haben wir wieder die Situation: Ich muss neue
Ursachen setzen. Immer wenn ich neue Ursachen
setze, kommt natürlich ein neues, anderes Ergebnis
heraus

Ich programmiere mich um.
Das habe ich bereits 1999 bei meinem vorherigen
Unternehmen getan - und es waren ganz andere
Ergebnisse da als vorher: gesellschaftlich, privat,
wirtschaftlich.

August 04 setzte ich wieder neue Akzente.

Urvertrauen

Ich gehe jetzt noch einmal zurück zur Kindheit.
Diese Prägung ist enorm wichtig und wird dich auch
eine gewisse Zeit "verfolgen" bzw. deine
Entscheidungen beeinflussen.

Falls du Kinder hast, denke mal darüber nach,
welches totale Urvertrauen ein Kind vom ersten Tag
seines Lebens an hat. Es vertraut seinem Umfeld
absolut. Es gibt sein Leben in deine Hand, so, als
könne nie etwas Schlimmes geschehen.

Beispiel:

*Ich stellte mich hinter meine Tochter, sie war damals
ca. 4 Jahre alt, und sagte zu ihr: "Lass dich einfach
rückwärts fallen, ich fang dich auf."*
*Sie tat dies, ohne auch nur einen Augenblick zu
zögern.*

Mach das mal mit einem guten Bekannten oder
Verwandten, wenn du, ich sag mal, 18 Jahre alt bist.
Du wirst es wahrscheinlich tun, aber im Bruchteil
einer Sekunde schießt dir durch den Kopf: „Na ja,
vielleicht lässt er mich fallen, unabsichtlich oder
absichtlich, oder es könnte passieren, dass er/sie
ausrutscht, oder stolpert oder, oder …"

Warum denkst du im Unterbewusstsein, dass
irgendwas passieren könnte? Auch wenn die Chance
dazu fast Null ist.
Ein kleines Kind dagegen vertraut zu 100 Prozent.
Antwort: Weil das Urvertrauen gestört ist, durch viele
Jahre der Prägung:

- Dies ist vielleicht falsch.
- Dies könnte nicht klappen.
- Jenes ist schief gegangen.

- Der eine sagt das, der andere jenes.
- Die Zweifel kommen und irgendwann bohren sich diese Zweifel in deinen Kopf. Mehr und mehr.

Du verlierst so diese hundertprozentige Sicherheit.

So war es auch bei mir. Ab ca. 2004 in dem Unternehmen, in dem ich zuletzt gearbeitet habe. Trotz der großen Erfolge, fragte ich mich immer wieder: „Schaffe ich das?"
In den Jahren vorher kannte ich dieses Gefühl nicht.

Es sind zwei Dinge entscheidend:
1. Das Vertrauen in sich selbst. (Das Gefühl)
2. Die Ziele (Planung) rein rationell.

Man darf nicht zu viel nachdenken. Dies habe ich gelernt, zu unterscheiden.

Natürlich verschwimmen diese beiden Dinge immer mal wieder. Der Mensch ist eins und man kann nicht beides so trennen, als hätte das eine mit dem anderen nichts zu tun. Nur, wenn ich ein Ziel habe und dieses auch wirklich erreichen will, muss ich dafür arbeiten! Keine Frage!
Die Realität ist so, dass es nach Höhen immer auch Tiefs gibt. In Höhen ist es einfach, dranzubleiben. In Tiefs wird es schon schwieriger.

Gerade dann ist es wichtig, dass du gegen allen Widerstand von außen und von innen den Glauben an dich behältst und vor allem stärkst.
In diesen Zeiten zeigt sich, was du gelernt und trainiert hast.
Dann muss das angesprochene Urvertrauen da sein, d.h. der tiefe Glaube (unerschütterlich) an sich selbst:

Du kannst es!

Du schaffst es!
Du erreichst dein Ziel!
Dafür musst du täglich deine Gedanken trainieren!
Nicht: „Vielleicht, schauen wir mal, mal sehen, es wird schon."
Sondern: „Ich schaffe das sicher! Ich will das 100-prozentig! Ich gehe über jedes Hindernis! Ich stehe, wenn ich 1000 mal hinfalle, 1001 mal wieder auf!"

Einmal mehr, das ist der "kleine" Unterschied zwischen Misserfolg und Erfolg.

Ich mache mir dafür Leitsätze, die ich mir mehrmals am Tage innerlich vorsage, z. B.

- Ich vertraue auf mich, mein Leben, auf mein Unterbewusstsein.
- Ich gewinne (will gewinnen).
- Ich liebe mich, mein Umfeld, alle Menschen und alle Situationen.

Wenn du das immer und immer wiederholst, wird es zur Gewohnheit und automatisiert.
Es wird auch eventuell ein Ritual.
Damit stabilisierst du dein Unterbewusstsein. Dein Denken und Handeln verändert dein Leben.
Das ist es, was wir wollen.

So prägst du dein eigenes Leben und wirst nicht von anderen geprägt.
Keinem Menschen außer dir selbst wird es gelingen, "Macht" über dich zu bekommen. Du musst nicht reagieren, sondern du agierst. Wenn du es einmal konsequent getan hast, wirst du spüren, wie du dich dabei wohl fühlst.
Der ganze Stoff, den ich hier behandle, betrifft ja das gesamte Leben.

Ich denke - ich bin sicher - das Wichtigste ist das

Leben, was sonst!
Du erhältst es als Geschenk und behandelst es (je nach deiner Einstellung) so oder so bis zum Tod.

Was könnte denn wichtiger sein als das Leben?
Mir fällt nichts ein.
Und das Leben findet statt in und mit dir, deinem Körper, deinem Geist.

Ich kenne Menschen, die pflegen in erster Linie ihr Auto, ihr Haus, ihren Garten, ihren Computer etc. Ihr Körper bleibt auf der Strecke, ebenso ihr Geist.

Die Frage ist dann zwingend: Was nützt das alles, wenn der Körper verkümmert, der Geist versteinert, nicht gefordert wird, die Engstirnigkeit, der begrenzte Horizont, der immer kleiner werdende eigene Blickwinkel, die Handlungen bestimmen? Das Ergebnis sehen wir täglich: Hass, Angst, Unzufriedenheit, Terror, Krieg, Krankheit.

Jeder will der Erste, Klügste, Beste, etc. sein und stößt den Mitmenschen zur Seite. Die Rohheit nimmt zu. Die Hemmschwelle wird immer niedriger. Brutalität in der Schule, im Beruf etc., Werte wie Moral, Verantwortung, Idealismus, Ehrfürchtigkeit, Respekt und Liebe gehen verloren.

Damit du mich nicht missverstehst, pflege dein Auto, dein Haus, deinen Computer, wenn es dir Spaß macht - ich akzeptiere jeden Menschen, wie er ist, was er tut, es ist sein Leben.
Nur, bitte, setze immer wieder die Relation zwischen „wichtig" und „scheinbar wichtig" neu fest!
So behältst du eine klare "Sicht".
Lasse dich nicht vom Alltag "auffressen".
Oft verzetteln wir uns doch in Kleinigkeiten, den ganzen Tag. Dann sagen wir abends: "War das ein Tag: Erst stand ich im Stau auf dem Weg zur Arbeit,

dann habe ich meine Hose mit Kaffee verschmutzt, dann hat mich ein Kunde dumm angemacht, dann war das Restaurant, wo wir essen gehen wollten, wegen Urlaub geschlossen und zuletzt wurde mein geplanter Urlaubstag für morgen um 18h noch von meinem Chef gestrichen. Und, und, und ..."

Was denkst du, was dein Unterbewusstsein macht?

Wird es morgen genauso? Na toll.
Oder: Gab es an diesem Tag auch was Positives?
Ja!
Ich stand auf und ...

> ... ich war (bin) gesund.
> ... ich kann alle Körperteile bewegen.
> ... mir tut nichts weh.
> ... ich habe eine Arbeitsstelle.
> ... ich habe nette Kollegen.
> ... ich habe zu essen.
> ... ich habe eine Wohnung.
> ... ich habe eine traumhafte Tochter.
> ... ich habe ein Fahrzeug, das mich von A nach B bringt.
> ... ich habe Spaß an Kleinigkeiten.
> ... ich trinke eine Tasse Kaffee.
> ... ich gehe joggen.
> ... ich sehe die Natur.
> ... ich sauge die Natur in mich auf.
> ... ich sehe und spüre die Kraft der Sonne.
> ... ich habe Spaß, wenn ich morgen tanzen gehe und nette Menschen treffe.
> u.s.w.

Diese Reihe könnte ich dir auf 50 oder mehr Punkte erhöhen.

Und wie war jetzt der Tag?
Was macht dein Unterbewusstsein nun?
Was wird morgen sein?

Wie glaubst du, bin ich auf den morgigen Tag
vorbereitet?
Super natürlich!

Ich bin noch lange nicht soweit, dass ich
"vollkommen" bin. Ich werde nie "vollkommen" sein.
Ich werde mein ganzes Leben daran arbeiten, dass
ich immer besser werde und meine Zukunft
beeinflusse und bestimme, wie ich es will.
Nur ich ganz allein kann das tun.
Ist es das Leben nicht wert, gut behandelt zu werden?
Du machst dir doch selber das schönste Geschenk
damit, wenn du ausgeglichen, zufrieden und glücklich
bist (und gesund) und Liebe geben kannst, als Neid,
Missgunst und Unzufriedenheit; daraus resultiert
Krankheit.

Das ist doch der Kernpunkt, um den sich alles dreht -
alles!
Falls du nicht dieser Meinung bist, brauchst du nicht
weiterzulesen.

Überlege aber bitte vorher, was wichtiger ist!?

Genießen

Noch mal zur Lebenssituation: Durch meine Situation habe ich diese Dinge wieder gelernt zu spüren.
Nur ich selbst bin zutiefst ein Lebemensch.
Das bedeutet, ich habe Spaß, möchte reisen, Sport, Menschen kennen lernen und begeistern, tanzen, Musik, arbeiten (mit Spaß) und gut essen, auch mal eine Party bis nichts mehr geht, ich bin weit entfernt von einem Asketen. Also alles tun, was das Leben lebenswert macht.
Allerdings: mit dem Verstand, der uns von dem Rest der Population unterscheidet.
Dafür haben wir verdammt noch mal auch die Verantwortung.

Mit der Zeit wirst du sensibilisiert für andere Dinge. Was du früher gar nicht wahrgenommen hast, in der Hektik und dem Kampf um das tägliche Bestehen in unserer modernen und zivilisierten Gesellschaft.

Plötzlich siehst du alles aus einer anderen Sicht.
Und glaube mir - das ist gut so.

So war es bei mir in den Jahren 1999 bis 2003.
Mein Tagesablauf war:
> *- 7 30 h aufstehen*
> *- Bad, Kaffee, dreimal wöchentlich vor 8.30 Uhr joggen,*
> *- dann 9.00 Uhr Büro , bis 21.00 oder 22.00 Uhr oder länger arbeiten;*
> *- Sa 9.30 Uhr Büro, oft bis 16.00 oder 18.00 Uhr;*
> *- Sonntags manchmal frei, d. h. dann war natürlich die Familie, die unbedingt - ist auch richtig - ihr Recht eingefordert hat, mit mir was zu unternehmen.*

Also immer im "Einsatz".

Ich hatte keine Möglichkeit(außer beim Joggen gesamt ca. 2,5 Stunden pro Woche) mal nur für mich zu sein - ganz allein.
Ich habe meine Tochter in den ersten drei Jahren fast nie gesehen. Meine Frau hatte am Anfang - ich sag mal in den ersten vier Jahren - wirklich sehr viel Verständnis für diese Situation. Ich bewundere sie dafür, sie war fast jeden Abend alleine zu Hause.

Meine Tochter hat mir sehr gefehlt. Das tat manchmal sehr weh, wenn sie mich am Telefon gefragt hat: "Papa, wann kommst du heim? " oder "Papa, warum musst du jetzt weg?"

Ich wundere mich heute selbst, dass ich das überhaupt noch gespürt habe.
Oft habe ich einfach die Gefühle abgeschaltet, um den Tag irgendwie durchzustehen.
Heute habe ich mehr Zeit für meine Tochter, - alleine - obwohl wir getrennt sind!

Kannst du dir vorstellen, dass dies ein Leben ist, was ein Mensch lange unbeschadet führen kann?
Kein Mensch ist eine Maschine.

Irgendwann schlägt der Körper Alarm. Viele erkennen die Signale, die Hilferufe des Körpers nicht oder wollen sie nicht erkennen. Ich hatte den "Warnschuss" rechtzeitig erkannt und auch sofort reagiert!

Nach meinem Ausstieg aus der letzten Firma, der Selbständigkeit, war ich plötzlich wie befreit von einem riesigen Druck . Ich konnte auf einmal frei atmen, ich spürte um mich herum das Leben pulsieren, da geschah etwas, da spielte sich die ganze Vielfältigkeit, die gesamte Palette des Lebens ab und ich sog diese Freiheit, diese Veränderung regelrecht tief in mich auf.

53

Gleichzeitig fiel ich in eine Art Erholungsphase und dadurch versuchte mein Körper automatisch, das Gleichgewicht wieder zu finden und sich zu regenerieren. Mein Immunsystem war geschwächt und angestaute Krankheiten kamen zum Vorschein.

*Ich hatte wochenlang eine Nebenhöhlenentzündung, zeitweise grippalen Infekt mit ab und zu Fieber, war wie zerschlagen und einfach "fertig". In dieser Zeit hatte ich auch die Möglichkeit viel nachzudenken. Ich entschloss mich, meinem Körper – **mir** – den Vorzug vor dem Geschäft zu geben.*
Dann gab ich meinem Kopf den Befehl, loszulassen - aus der Tretmühle, alles grundsätzlich zu ändern.
Mein Körper dankte es mir umgehend.
Mir ging es von Tag zu Tag besser - ich nahm mit fest vor, mich nie mehr in diese "Mühle" einzwängen zu lassen.

Im Klartext heißt das:

> Ich bin der Wichtigste.
> Ich komme zu erst.
> Ich bin ein Egoist.

Das kann für andere (auch für mich/dich) hart sein, aber anders geht es nicht!
Du musst zuerst dich lieben und akzeptieren, so wie du bist - mit allen Fehlern oder du musst dich dahingehend ändern, dass du so bist, wie du sein willst.
Es gibt nur diese zwei Möglichkeiten!
Wenn du das nicht schaffst, wirst du auf Dauer unzufrieden, nörgelnd, neidisch, aggressiv und krank.
Also, du hast es in deiner Hand!

Es ist nichts Neues: Über 80 Prozent aller Krankheiten entstehen aus der Psyche.
Umkehrschluss: Du kannst 80 Prozent aller

Krankheiten selbst heilen, bzw. gar nicht entstehen lassen. (Stellen wir uns diese Ersparnis im Gesundheitswesen vor!)

Bleiben wir mal beim "Nörgeln".

In der heutigen Zeit wird der gesamte Lebenshaltungsapparat immer teurer: Sprit – Miete – Müll – Energiekosten – Gesundheit – Autos – Freizeitbereich, und, und, und ...

Ich höre täglich: „Scheiße, ...
... das Benzin ist schon wieder teurer geworden."
... wenn ich einkaufe, habe ich für 50 Euro fast nichts mehr im Wagen."
... Miete, Nebenkosten steigen."
... Zigaretten, Arzneimittel etc. sind schon wieder teurer."
... Jammer, Jammer, Jammer.

Wenn ich das Auto geschäftlich brauche, muss ich tanken, ob ich will oder nicht. Da der Tankstellenbetreiber selten mit sich über den Spritpreis handeln lässt, muss ich auch den verlangten Preis bezahlen. So.
Ich kann jetzt beim Tanken jedes Mal jammern, schimpfen und mich aufregen
oder
meinen Job aufgeben
oder
einen anderen Job suchen, bei dem ich kein Auto brauche,
oder
meinen Job und mein Auto behalten und mein Einkommen erhöhen.

Geht nicht?
      Geht doch!

Warum tun das 98 Prozent der Bürger nicht?
Weil der Mensch ein "Rudeltier" ist und es sich im
"Rudel" leichter jammern lässt und man Verständnis
beim Mitmenschen erntet, "Ja, Ja, da haben Sie recht,
mir geht es genauso, alles Verbrecher etc."
Und weil man weniger Energie braucht, bleibt es beim
"Alten".

In zehn Jahren wird noch gejammert. Glaube ja nicht,
dass z. B. die Spritpreise nachhaltig sinken, denn
irgendwann gibt es kein Erdöl mehr. Die
Mineralölgesellschaften und alle, die mitverdienen
(Staat), werden solange den Endverbraucher
ausquetschen, bis es nichts mehr zu quetschen gibt.
Also üben die Mineralölgesellschaften und der Staat
indirekt Druck auf deinen Seelenzustand aus.
Solange du es zulässt.

Wechsle zu den 2 Prozent, die nicht jammern.
Lass dich in deinem schönen Leben nicht knechten.
Lass keine Macht von außen auf dich zu.
Ein Sklave oder Leibeigener kann körperlich gefangen
sein, aber seine geistige Freiheit kann ihm niemand
nehmen.

Bringe Energie auf, um geistig frei zu sein.
Die Folge: Du bist überhaupt frei. Es lohnt sich!

Sei klug - und handle klug.
Klug ist, was du als klug empfindest.
Ich sehe für mich als klug: Ich erhöhe meine
Einnahmen und senke meine laufenden Kosten.
Wichtig: Lebe immer unter deinen Verhältnissen.

Ich habe meinen festen Job, einen freiberuflichen
"Nebenjob", mittelfristig einen Hauptjob, gleichzeitig
meine Vision - "Hotel für behinderte Sportler", mit der
ich mich deutlich langfristig verbessere und
Menschen helfen kann.

Ich knüpfe immer neue Kontakte, um mir weitere Optionen offen zu halten.
Ich setze kontinuierlich neue Aktionen, die laufend für Veränderungen sorgen, denn nur diese bringen mich voran.

Klammere niemals an Bestehendem, sonst kann sich nichts verändern!

Wir machen nun einen gedanklichen Sprung.

Banken

Kommen wir nun auf die Geschäftspraktiken der Banken.

Warum ist das wichtig?
Denke daran, jeder hat einmal mit einer Bank zu tun.
Und wenn das Finanzielle nicht mehr kontrollierbar ist, wird es irgendwann anstrengend, deprimierend, wächst bis zu Existenzangst und greift dann natürlich die Gesundheit an.
Deshalb ist dieses Kapitel ganz mitentscheidend für deine Veränderung.

Ich nenne es: Machenschaften und Intrigen (natürlich nicht alle Bankinstitute!).
Hierbei geht es um Finanzierungen:
> private sowie geschäftliche Vorhaben;
> Immobilienkauf;
> Anlagen;
> allgemeiner Umgang mit Banken.

Dies ist ein wichtiges und auch sehr sensibles Thema.
Es geht hier um viel Geld und Existenzen!

Finanzierung

In Zeiten des wirtschaftlichen Booms sind die Banken natürlich sehr großzügig, was eine Neufinanzierung angeht.
Das ganze Umfeld floriert, die Zinsen sind meist im mittleren oder oberen Bereich, die Gewinnspanne ist größer und sicherer, die Banken möchten viel Neugeschäft bekommen.
Normalerweise ist es notwendig und sinnvoll, ca. 20 Prozent Eigenkapital bei Kauf einer Immobilie einzubringen.
Jetzt würde die Bank auch zu 100 Prozent finanzieren.
Dies gilt vor allem für Gewerbeimmobilien, die auch

meist nach Ertragswert berechnet werden, d. h. Rendite netto, nach Abzug aller Kosten.
Wichtig ist, dass eine nachhaltig sichere Rendite von mindestens 4,5 bis 5 Prozent netto erzielbar ist.
Beispiel: Berechnung der Rendite:

Formel: Kaufpreis/100 mal Jahresnettomiete

z. B. Kaufpreis 800.000 Euro/z. B. 60.000 Euro Jahresnettomiete ergibt 4,8 Prozent Rendite.

Selbst wenn die Bank ein verlockendes Angebot macht, solltest du vorsichtig und überlegt handeln, d. h. vor allem prüfen:

> Wie ist die Qualität des Objektes?
> Gibt es Reparaturrückstau?
> Wie ist die gesamte Substanz?
> Wie ist die Miete (innerhalb des Mietspiegels)?
> Ist die Miete steigerbar?
> Wie ist die Qualität der Mieter?
> Gibt es Beschränkungen am Objekt?
> Sonstige Auflagen? Baulasten? Denkmalschutz?

Diese Informationen erhältst du entweder im Grundbuch, im Baulastenverzeichnis, beim Baureferat der Stadt oder dem Denkmalamt.
Es geben dir auch ortsansässige Makler, Bauämter und Gemeinden Auskunft.

Lass dir Vergleichsangebote bei Finanzierungen von anderen Geldinstituten machen. Die potentielle Bank deines Vertrauens erstellt dir auf Wunsch auch ein kostenloses Gutachten und eine Wertermittlung des Objekts.

Bleibe hier hartnäckig und fordernd!

Bringe zu deinem eigenen Interesse mind. 20 Prozent Eigenkapital ein. Das stärkt deine Verhandlungsposition gegenüber der Bank, deine Sicherheit bei eventuellen Mietausfällen oder anderen nicht vorhersehbaren Belastungen. Dann hast du einfach einen gewissen Puffer.

Mach dich niemals vollkommen von einer Bank abhängig!

Achte unbedingt bei der Unterzeichnung der Verträge darauf, dass eine Splittung in Kreditteilbeträge erfolgt, d. h. gut sind drei Verträge:
> einmal ca. die Hälfte der Summe, mittel- bis langfristig, 8 bis 10 Jahre;
> einmal 25 Prozent, kurz- bis mittelfristig, 2-5 Jahre;
> einmal 25 Prozent kurzfristig 0 bis 2 Jahre.

Hier variabler Zins und die Möglichkeit, jederzeit voll sonderzutilgen. Ebenso versuche, die Tilgung auf 1,5 bis 2 Prozent anzuheben.
So hast du die Möglichkeit, auf Marktveränderungen reagieren zu können.
Der Bank ist es am liebsten: ein Betrag langfristig - dabei verdient sie am meisten!
Gehe nicht darauf ein!

Wenn dich die Bank erst mal an der "Angel" hat, bist du im Falle von Zahlungsschwierigkeiten auf Gedeih und Verderb ausgeliefert.

Du hast keine rechtliche Chance, gegen den Willen der Bank die Kreditverträge zu kündigen!
Im Falle von Unstimmigkeiten sind die Kreditverträge nur mit Einverständnis beider Seiten auflösbar.
Lasse die Verträge vor Unterschrift vom Verbraucherschutz bzw. einem Anwalt prüfen.
Dieser zeitliche, eventuell auch finanzielle, Aufwand

lohnt sich in jedem Fall.

Diese Vorgehensweise gilt sowohl bei gewerblichem wie bei privatem Kauf.
Das Gleiche gilt für die Prüfung der Notarverträge. Auch hier sind oftmals die Verträge versteckt zum Vorteil der Bank oder eines Bauträgers gestaltet, d. h. in vielen Nuancen zu deinem Nachteil, was schnell zu einem finanziellen Verlust führen kann bzw. unweigerlich führen muss.

Ich wiederhole: Es gibt auch Banken und Notare, die sehr korrekt und gewissenhaft arbeiten.

Oftmals ist es vom Vorstand gedeckt, dass der Kunde übervorteilt wird oder es sind einige führende Mitarbeiter, die der Versuchung nicht widerstehen können, sich zu bereichern.
Die Mehrzahl, d. h. 80 Prozent der Banken arbeiten am Rande der Legalität, überschreiten die Grenzen des Rechts bewusst, aber sehr gerissen, verstoßen ohne Skrupel auch gegen europäisches Recht und versuchen den "Laien"-Kunden in ihre Falle zu locken. Es laufen genügend Prozesse gegen große Banken.

Also: Achtung! Achtung! Achtung!
Es geht um dein Geld und deine Zukunft.
Im "Notfall" wende dich an das Bundesaufsichtsamt für Kreditwesen in Berlin.

Entscheidend im Ganzen ist auch deine persönliche Situation.
Frage dich:

Wie ist dein finanzieller Rückhalt?
Wie stabil sind deine Einnahmen, auch in ca. 10 Jahren?
Wie schätzt du deine Ausgaben ein? Sind diese überblickbar? Sind sie genau einschätzbar?

61

Du musst auch ein privates Polster haben.
Die Finanzierung - um Gewinne zu machen - muss zusätzlich zu sehen sein - wie ein Spiel!
Spielen macht Spaß
Gewinnen macht Spaß.

Du darfst niemals private und geschäftliche Gelder oder Konten vermischen.
Halte dein Objekt oder Objekte immer in gutem Zustand, bilde Rücklagen, so dass du im Falle eines nichtgeplanten Verkaufs einen einwandfreien Zustand der Immobilie gewährleisten kannst und damit einen schnellen Verkauf mit gutem Verkaufserlös erreichen kannst.

Achte beim Kauf auch besonders auf die Lage - diese ist unveränderbar - und das Wichtigste.
Die Lage muss bei gewerblichen Immobilien in guter Infrastruktur sein, d. h. verkehrsgünstig, es müssen genügend Arbeitsplätze vorhanden sein.

Ebenso sollten die Mieter eine Bankauskunft nachweisen, gewerbliche Mieter eine Bilanz, sowie von Vorteil sind Optionen der Mieter auf Verlängerung der Mietverträge.
Diese Vorsichtsmaßnahmen erhöhen deine Sicherheit bei den Mieteinnahmen und damit eine langfristige, "gesunde" Kalkulation.

Die Banken sind untereinander verflochten.
Es gibt öffentlich-rechtliche Kreditinstitute, bei denen der Gewährträger (Stadt oder Landkreis) haften.
Diese sind am "sichersten", außer, der Kreis oder die Stadt wären zahlungsunfähig. (Dann wäre der Staat selbst pleite.) Diese genannten Institute sind Kreis- und Stadtsparkassen.

Allerdings Achtung, eine Währungsreform ist durchaus vorstellbar, wenn die Staatsverschuldung, wie jetzt, weiter zunimmt.
Als Nächstes gibt es die großen AG`s, wie Dt. Bank oder Commerzbank.
Hier ist das Risiko des Geldverlusts schon höher.

Diese AG`s unterliegen dem Aktiengesetz. Sie finanzieren sich natürlich mit dem klassischen Bankgeschäft: Finanzierungen - Anlagen.
Zum großen Teil auch durch Verkauf von Aktien. Hier besteht die Gefahr, dass Falsch- oder Überbewertungen entstehen, also künstliches Aufblähen des Gesamtwertes, ohne dass die tatsächliche Substanz an Rücklagen oder z. B. Immobilienbesitz vorhanden ist.

Dazu kommt, dass sie im internationalen Vergleich "winzig" sind. Deshalb besteht jederzeit die Gefahr einer feindlichen Übernahme, d. h. ein "Schlucken" durch riesige Unternehmen. Hier ist bereits durch das Bilden von Tochtergesellschaften und Holdings die Übersicht über die wahren Besitz- und damit Haftungssituationen nicht mehr zu durchschauen.

Da nützt auch unser Aufsichtsamt für Kreditwesen in Berlin in der Durchsetzung und Kontrolle der Geschäftspraktiken gar nichts.
Oft gehen Prozesse mit Kunden jahrelang und mangels "Masse" verliert der Kunde.
Dies ist auch von Seiten der Banken kalkuliert. Gezielt werden z. B. Immobilien an unbedarfte Kunden verkauft, schnelles Geschäft, große Volumina, obwohl vorher schon zu 90 Prozent feststeht, dass der Käufer langfristig den Aufwand niemals tragen kann. Also ich sage: Vorsätzlicher Betrug, um später das Objekt zu versteigern bzw. in Eigenbesitz zu bringen.

Das Platzen einer solchen Finanzierung ist oftmals der

finanzielle Tod eines privaten Anlegers, auch einer Firma. Damit gehen dann auch Arbeitsplätze verloren. Selbst wenn du im Recht bist, was nützt dir das, wenn du nicht Recht bekommst?
Also Vorsicht!

Trotzdem kann es unter gewissen Umständen Sinn machen, einen Immobilienkauf als Anlage zu tätigen.

Bitte wende dich hier an eine Person deines Vertrauens, der Anwalt, Notar, auch Immobilienkaufmann ist. Dann kannst du ruhigen Gewissens kaufen.
Als Weiteres gibt es die Raiffeisenbanken. Hier erwartet dich automatisch als Kunde eine Mitgliedschaft. Die Raiffeisenbanken bedienen vorzugsweise den "kleinen" Kunden.

Die vielen kleinen Privatbanken bergen das höchste Risiko in sich. Sie haben die geringste Kapitaldecke.

Ich nenne mal den Staat als "Großbürgen" für alle öffentlich-rechtlichen Banken.
Durch seine gesamte Struktur ist er auf den ersten Blick ein sicherer Bürge. Auch durch seine Goldreserven bei der Bundesbank hat er einen sicheren Rückhalt.
Nur, wenn der Staat zahlungsunfähig wird, dann ist auch hier der "Bürge" nichts mehr wert und die Banken sind pleite.
Das ist die Realität.

Wir sehen das jetzt ganz aktuell an der Weltfinanzkrise.
Wir müssen feststellen, dass das gesamte Finanzsystem an seine Grenzen gestoßen ist.
Aber sag jetzt ja nicht: "Der Banker, der Fondsmanager, die Politiker sind schuld!".
Nein, einzig und allein der Anleger ist dafür

verantwortlich.
Er hat alles in fremde Hände gegeben, er hat auf
diese Weise die Verantwortung abgegeben, damit hat
er die "Macht" über sein Geld auch abgegeben.
Er muss sich dann nicht wundern, wenn das Ganze
schief geht.

Und der Staat ist heute schon am Ende. Die Politiker
belügen uns nach allen Regeln der Kunst, hilflos und
unfähig, einen neuen Weg zu finden. Deshalb bleibt
nur eines: Wir finden unseren Weg selbst.

Du solltest auch wissen: Falls es Computer-"Hackern"
gelingt, in das Bankensystem einzudringen, bricht
innerhalb von 48 Stunden das gesamte weltweite
Bankensystem zusammen. Ein Chaos in bisher nie
gekanntem Ausmaß wäre die Folge. Stellen wir uns
die Folgen besser nicht vor, sie sind in Worten nicht
zu beschreiben.

Du siehst, es gibt keine 100-prozentige Sicherheit,
weder beim Geld noch im Leben, und das ist gut so.

Deshalb werden wir gezwungen, Eigenverantwortung
zu übernehmen. Eigenverantwortung ist das Ziel.
Damit machst du einen Quantensprung.
Wenn du Entscheidungen triffst, triff sie niemals mit
Rücksicht auf andere, sonst verlierst du sofort deine
Konsequenz und damit dein Ziel.

Bleiben wir noch bei den Banken.
Fast der gesamte Geldverkehr geht heute über
Banken, was Vor-, aber auch große Nachteile hat.

Bei Finanzierungen ist es wichtig, zu sehen, wie hoch
die versteckten Kosten sind.
Also der effektive Zins ist maßgebend, darin müssen
vertraglich ausgewiesen sein:

- Bearbeitungskosten;
- Bereitstellungskosten;
- Verzugszinsen;
- Normalzins;
- eventuelle Vorfälligkeitskosten, also "Strafzinsen" bei vorzeitiger Rückzahlung;
- Sind die Verträge gesetzeskonform?
- Verstoßen sie gegen den lauteren Wettbewerb?
- Sind sie z. B. über der Wuchergrenze (besonders bei privaten Vermittlern)?

Besonders hier wird getrickst und verdeckt, wo es nur geht. Es wird mit der Unwissenheit des Kunden zum Vorteil der Bank gerechnet.

Keine Bank verschenkt irgendwas oder ist als Samariter tätig. Fordere Einsicht in Gesetz und Satzung etc.
Im Zweifelsfall höre auf dein Gefühl oder einen Anwalt.
Tappe in keine Falle, aus der du nicht mehr rauskommst.
Vermeide Fehler, die unnötig Geld kosten, nimm dir Zeit für deine Entscheidung. lasse dich nicht drängen. Drängen ist oft ein Zeichen eines unsauberen Geschäfts.

Die Bewertung der Ausbildung und der Beratung der Banker ist laut unabhängiger Ranking-Unternehmen schlecht und oft sehr mangelhaft, vor allem einseitig.

Zu beachten sind auch die privaten Finanzdienstleister.
Wie überall, gibt es auch hier seriöse und die sog. "schwarzen Schafe".

Die Seriösen führen bei dir eine maßgeschneiderte

Aufnahme aller Daten und eine genauso exakte Beratung durch.

Bei der Beratung gibt es seit 2005 die gesetzliche Vorgabe vom Staat für alle, ein Beratungsprotokoll zu erstellen, das von beiden Seiten unterschrieben wird und damit das Gespräch verbindlich festhält.

Dies gibt dir als Kunde die Sicherheit, dass du fachgerecht und sauber beraten wurdest. Gleichzeitig haftet so der Vermittler.

Ebenso hat jeder ausgebildete Berater, der seinen Beruf wirklich ernst nimmt, eine Vermögensschadenshaftpflichtversicherung, die im Falle eines Rechtsstreits deinen Verlust abdeckt.

Das Gleiche gilt für den Beratungsbereich bei Anlagen.

Hier wird ebenfalls ein Beratungsprotokoll angefertigt, in dem vor allem deine Anlagementalität und Risikobereitschaft erkundet wird.

Hierbei bekommst du auch das Gefühl, dass sich der Berater tatsächlich für deine Interessen und Bedürfnisse einsetzt und ein Profi ist.

Die Frage der Haftung bei eventueller Fehlberatung ist also äußerst genau zu betrachten.

Der Berater, der keinen Nachweis über eine entsprechende Ausbildung hat, darf seit dem 1.1.05 nicht mehr beraten.

Der Anlagebereich ist ein sehr komplexer und sensibler Bereich.

Hier solltest du erst schauen, auf welchem Level du dich bewegen willst und kannst.

Der Durchschnittsanleger - Einkommen bis ca. 2000 Euro netto (Single) - sollte unbedingt 80 Prozent der Anlage konventionell anlegen (10 Prozent als Sparrate aus dem monatlichen Einkommen reichen).

Konventionell heißt:

      - festverzinsliche Anlagen

- Sparbuch
- Sparbrief
- Festgeld
- Staatsanleihen
- Bundesobligationen

Hier erreichst du einen Zins von ca. 2-7 Prozent bei einem Diskontsatz von ca. 2,5-3 Prozent. Natürlich ist zu beachten, ob wir uns gerade in einem Boom oder in einer Talfahrt der Wirtschaft befinden.
Deshalb ist darauf zu achten, dass du bei mittel- oder besonders langfristigen Anlagen, nicht unter 20 Jahren, eine gute Splittung und Mischung der Anlagen hast.

Die Konjunkturzyklen sind meist in einem Rhythmus von ca. sieben Jahren zu sehen.
Du hast also bei 20 Jahren Laufzeit ca. drei Zyklen durchlaufen, was die Schwankungsausschläge verringert und damit die Genauigkeit der Planung der Rendite deutlich erhöht.
Du kannst aus den 100 Prozent der Anlage ca. 40 Prozent in oben genannten Anlagebereichen platzieren, ca. 40 Prozent in Aktienfonds, ca. (höchstens) 20 Prozent in Aktien.

Aktienfonds sind Anlagen, die aus verschiedenen Bereichen, also Beteiligungen in Firmen stammen und in einem "Topf" gesammelt werden. Sind z. B. zehn verschiedene Sparten in einem Portfolio ("Topf"), so kann einer oder zwei davon mal "abstürzen", fünf bewegen sich im normalen, geplanten Bereich und drei machen überdurchschnittlichen Gewinn.

Das bedeutet, du hast die Sicherheit, dass deine Rendite wie gewünscht wächst. Es ist sehr schwer vorstellbar, dass alle zehn gleichzeitig runtergehen. Wenn du von, sagen wir, BMW, Siemens, IBM, BASF, Bayer, Microsoft, Telekom, Infineon, Nokia, Chrysler

Fondsanteile besitzt, so müssten diese alle gleichzeitig Konkurs machen, um daraus einen Totalverlust zu erleiden.

Da die Fondsmanager täglich switchen (wechseln) können, ist das in der Praxis fast nicht vorstellbar. Wenn du zusätzlich einen Teil in konventionelle Unternehmen anlegst, ist das noch einmal entsprechend sicherer. Außerdem sind die Fonds für dich "pflegeleicht", da sie von einem Profi gemanagt werden, der dir zwar die Arbeit, aber nicht die Gesamtverantwortung, abnimmt.

Weiter gibt es inzwischen klare gesetzliche Bestimmungen, die für Fondsgesellschaften und Kapitalgesellschaften gelten: das so genannte Kapitalanlagegesetz.

Aktien sind nur Anlagemöglichkeiten für "gut Betuchte".

Glaube mir, auch wenn es verlockend erscheint. Du brauchst hier das entsprechende "Kleingeld", falls dies "verloren" geht, darf dies niemals dein sonstiges Kapital berühren.

Um Aktien musst du dich täglich kümmern. Die intensive Betreuung braucht viel Zeit und eine Ausbildung als Bankkaufmann bzw. Anlageberater.

Diese Sparte solltest du einem Profi überlassen, sonst könntest du schnell dein gesamtes Vermögen aufs Spiel setzen!

Also Achtung, lasse dich nicht verführen, vor allem von Menschen, die keine Ahnung haben, aber trotzdem alles wissen, und das ist die große Mehrheit.

Was bin ich wert?

Wir müssen noch einmal auf das Selbstwertgefühl zu sprechen kommen. Es ist spannend, sich damit genau zu beschäftigen.

Warum?
Du musst dich selbst am allerbesten kennen, um in gewissen Situationen richtig reagieren zu können. Am Anfang habe ich ja bereits diesen Punkt angesprochen.
Immer wieder passiert es durch Einflüsse von außen, dass du bewusst oder auch unbewusst zurechtgestutzt wirst. Dies geschieht manchmal fast unbemerkt und schleichend.

Du merkst es gar nicht - und plötzlich fällt dir auf, dass du was tust, was du gar nicht willst. Dann musst du sofort handeln. Mach eine Bestandsaufnahme: Wo stehst du? Wo willst du hin?
Am besten mach es wöchentlich, professionell täglich am Abend. So kannst - und musst - du sofort reagieren, und eine Richtungsänderung vornehmen.

Triff eine Entscheidung.
Schreib dir wichtige Dinge auf.
Sondiere wichtige Dinge von unwichtigen.
Konzentriere dich auf die für dich wichtigen und lasse die unwichtigen weg. Sie sind nur Ballast und hindern dich am Vorwärtskommen.

Nach einer gewissen Zeit bekommst du Erfahrung im Denken und im Entscheidungtreffen. Erfolgreiche treffen täglich neue Entscheidungen. So werden sie auch aus Fehlern lernen und stabiler in ihrer Richtung - sie erreichen, was sie wollen.

Ich habe sicher bis heute schon viele Entscheidungen getroffen. Oft gegen die Meinung meiner Umwelt, auch Verwandtschaft. Nur, das hat mir nie was bedeutet. Ich bin ich.

Ab und zu ist man natürlich auch verwundbar. Durch Überbelastung, Krankheit oder andere Einflüsse ist man nicht stark genug, sich gegen irgendjemand durchzusetzen.

Die ist auch o.k., solange man es bemerkt. Lass es auch mal bewusst zu - wir sind alle Menschen und bestehen aus Gefühlen. Nur dieser Zustand wird von anderen "gerochen", d. h. das Gegenüber spürt dies und kann die Situation ausnutzen. Hier kommt der Instinkt des Jägers zum Vorschein. Er spürt die Chance und setzt, wie das Raubtier, zum Angriff an.

Hier ein Beispiel von mir:

Ich habe im Sommer 2004 einen Menschen kennen gelernt, mein Arbeitgeber im Minijob. Irgendwie versuchte er, mich rumzukommandieren, ich kam nicht klar mit ihm (ist bei mir ganz selten). Das ging einige Wochen, auch mein Geld bekam ich nicht regelmäßig, immer wieder verschob ich Gespräche, bzw. war nicht konsequent und hart genug, das zu fordern, was mir zustand, bis ich dachte: „Bin ich blöd? Was soll das Theater? Ich habe im Leben schon mehr erreicht, als er sich überhaupt vorstellen kann." Mein Selbstwertgefühl brauchte eine Streicheleinheit, also forderte ich, ich sagte: "Ich muss dich sprechen. Wie geht es weiter? Ich habe noch das Geld zu gut – soviel – und wir müssen Nägel mit Köpfen machen." Und ich bekam mein Geld.

Deshalb ist es wichtig zu handeln.

Wenn du irgendetwas vor dir herschiebst, wird der Druck immer größer, deshalb kläre Dinge, wenn du sie erkannt hast, sofort.

Du hast es aus dem Kopf und Ballast ist weg.

Der Kopf ist frei für Neues.

So bleibst du handlungsfähig.

71

Es gibt das Wort „Komfortzone":
Du bewegst dich täglich im gleichen Umfeld. Arbeit,
Familie, Verein, Bekannte.
Du tust täglich das Gleiche.
Du denkst täglich das Gleiche.
Du bleibst der, der du bist.

Möchtest du wachsen, musst du diese Komfortzone
verlassen, in der alles vertraut, bekannt und ruhig ist.
Du brauchst den Widerstand, um dich neuen
Herausforderungen stellen zu können. Du brauchst
neue Gedanken, neuen "Wind", neue Eindrücke, neue
Aufgaben.
So erweiterst du deinen Blickwinkel, deinen Geist,
dein Potential, deinen Verstand.

Du fragst dich vielleicht, „wie kann ich das tun?"
Es gibt viele Möglichkeiten, sei kreativ.
Sprich z. B. wildfremde Menschen an,
- beim Einkaufen (hilf, schwere Taschen zu tragen)
- Telefon "kalt", das heißt direkt aus dem Telefonbuch
- im Urlaub, Tankstelle, Restaurant, im Haus, in der
Fußgängerzone, in der Arbeit (lobe: "Sie sehen chic,
ganz bezaubernd aus.") usw.

Überrasche und verblüffe Menschen.
Verhalte dich anders als andere.
Tu Dinge, die andere nicht tun.
Du wirst Situationen erleben, die du dir niemals
vorstellen konntest, einfach Wahnsinn! Oder nenne es
Wunder.
Ja, es gibt Wunder, wenn du es willst und daran
glaubst.

Ich fuhr eines Abends von der Arbeit nach Hause und
sah auf dem Gehweg eine Frau, die schwer beladen
mit Einkaufstaschen ging. Ich hielt spontan und
fragte sie, ob ich sie ein Stück mitnehmen dürfte. Sie

war erst ganz überrascht, stieg dann aber ohne zu überlegen ein. Wir hatten zwar nur einen Kilometer zu fahren, das war aber nicht das Entscheidende. Sie war so erstaunlich offen und wir unterhielten uns in den drei Minuten sehr intensiv und angeregt, vor allem positiv.
Ich hatte ein starkes, positives, sehr gutes Gefühl, jemandem eine Freude machen zu können. Es ging mir sehr gut.
Es ist wie ein Rausch, es macht Spaß und ist so einfach, wenn man das einmal gemacht hat.

Es kostet nur einen Augenblick des Handelns, ein Lachen, eine Geste und macht zwei Menschen sofort glücklich, frei und ohne jede Aggression. Dieses Gefühl geht ja direkt weiter, wie eine Kettenreaktion an die Familie dieser Frau und in ihr Umfeld. Gerade in der heutigen, "kalten" Zeit, sollte das jeder Mensch in der Welt tun.

Du hast sicherlich bemerkt, dass ich sehr jetzt-bezogen lebe.
Jetzt ist der Augenblick, in dem ich lebe, und nicht gestern oder in einer Stunde – nein, jetzt. Jetzt habe ich Gefühle, jetzt tue ich etwas, jetzt spüre ich was, jetzt erlebe ich was ...
Durch dieses Fühlen habe ich natürlich eine besondere Sensibilität für den "Jetzt-Zustand" entwickelt und achte genau darauf, was ich jetzt erlebe und empfinde, und deshalb muss ich, um dir auch Beispiele aus meinem Leben nahe bringen zu können, immer wieder in meine Vergangenheit zurückgehen.

Es war an einem Freitagnachmittag in meiner Tätigkeit bei einem Brotzeitservice. Diesen Kunden besuche ich täglich, um den Essensautomaten aufzufüllen. Jeden Tag, bereits seit fünf Monaten, begrüße ich die Dame an der Rezeption mit einem

"Hallo" und wenn ich gehe, verabschiede ich mich mit "Servus, einen schönen Tag wünsch ich Ihnen".
Jeden Tag erwidert sie freundlich meinen Gruß. Das wurde aber ihrerseits auch nur beständiger und offener, weil ich immer und immer wieder grüßte. Sie konnte gar nicht anders, als meinen Gruß zu erwidern.
Zwei Meter vor ihr, beim Rausgehen, änderte ich meine Richtung, ging auf sie zu und sagte "Kompliment, Sie sehen immer besonders chic und heute ganz besonders attraktiv aus".
Sie strahlte übers ganze Gesicht und bedankte sich.

Das war alles – ganz einfach. Und wieder waren zwei Menschen im siebten Himmel. Das ist das schönste Geschenk, was du einem Menschen machen kannst, ein Lob, ein Kompliment, ein Lächeln. Und es gibt keinen Streit mehr!

Tu es öfter - und es wird zu einer wunderschönen Gewohnheit.

Es war im schon erwähnten Urlaub, als unsere Tochter krank war. Ich hatte gerade ein Buch gelesen, was in meinem Leben einen erstaunlichen Wendepunkt ausgelöst hatte, zwar mit Verzögerung , aber doch nachhaltig.

Ich hatte mir als Motto für die zwei Wochen vorgenommen, an alle Menschen Liebe auszusenden, egal, ob die sich am Büffet vordrängten oder nachts vor unserem Zimmer rumkrakelten. Konsequent! Da ich ab und zu mal gerne meinen Mund aufmache und den anderen, na ja, sagen wir, etwas deutlich sage, was Sache ist, war dies für mich eine gewisse Anstrengung, mein Mundwerk zu halten und ganz "lieb" zu sein.
Aber ich wollte es - und es funktionierte. Die Miturlauber waren ebenfalls nett und äußerst offen.

Es war einfach nur angenehm. Kein Einziger war im Urlaub unfreundlich zu mir - im Gegenteil!

Eines Mittags joggte ich an den Strand, um zu prüfen, ob der lang ersehnte Surfwind endlich kam. Nichts. So redete ich mit den Jungs von der Surfstation in Englisch über dies und jenes, Quatsch halt, wir lachten und vertrieben uns so die Zeit.
Da kam eine junge hübsche Frau auf uns zu. Alle kannten sie - ich nicht.
Sie bot mir mit einem bezaubernden Lächeln einige Süßigkeiten an (ich konnte nicht nein sagen) und dann war sie wieder verschwunden. Traumhaft schön!

Du kannst (darfst) jetzt sagen: "Der spinnt! Alles Einbildung."

Na und? Was du willst.

Ist ja vollkommen egal, ob du Recht hast. Die Hauptsache ist: Alle diese Erlebnisse waren sehr angenehm!

Sei zu allen Menschen gut, so wirst du Gutes erleben. Bist du schlecht, wirst du Schlechtes erleben.
Du bestimmst. Es ist dein Leben.
Es gibt genügend Beispiele, dies in die Praxis umzusetzen, wie bei der Arbeit, im Restaurant, etc.

Mir geht es darum, dass du erkennst, was das Leben für dich bedeutet.
Trittst du es mit Füßen, nimmst du alles als selbstverständlich, kümmerst du dich nicht um dein Leben, so kümmert sich das Leben genauso nicht um dich.
Liebst du das Leben, mache dir bewusst, was du willst, kümmere dich intensiv um dein Leben. Danke dem Leben und das Leben wird dich lieben!

Meine Kindheit und Jugend verlief mit den "normalen" Sorgen, Spielchen, Erfahrungen. Da war nichts Besonderes.

Schule, Freunde, Sport, Tanzkurs, Tiere, Ferien, Urlaub mit Eltern und meinem Bruder, bis ich mit 18 Jahren meinen Vater verlor.

Für mich fiel in erster Linie eine riesige Last von den Schultern. Der Druck der Kontrolle war weg. Schmerz konnte ich nicht empfinden oder ich verdrängte ihn. Ich begann mit 18 Jahren meine Lehre bei der Sparkasse. Das war ein neuer Lebensabschnitt.

Außer, dass ich lernte, wie man nicht richtig mit Geld umgeht, gibt es für mich nichts Nennenswertes zu berichten.

Mit 22 Jahren heiratete ich.

Mit 23 Jahren musste ich zum Bund.

In der Zeit von 1979 bis 1993 war ich in der "Schiene", in der die meisten sich befinden - ohne herausragende Ereignisse!

Familie, Arbeit Sport, Ehe, alles im "normalen" Bereich. Bis im Jahr 1993 meine Frau an Krebs erkrankte. Diese Nachricht war unerwartet und niederschmetternd. Ich war bis dato und auch bis heute nie ernsthaft krank.

Der Arzt empfahl sofort zur Operation. Der Tumor in der Brust war ca. walnussgroß und einer der gefährlichsten, die schnell wachsen. Meine Frau war 45 Jahre jung.

Wir alle waren schockiert und berieten, was zu tun sei.

Meine Ex- Schwägerin war schon viele Jahre bei einem Arzt beschäftigt, der natürlich schnell einen Termin zur Operation organisieren konnte. Meine Frau wurde in der Uni-Klinik in Heidelberg operiert. Ihr wurde die Brust entfernt und auch Lymphdrüsen im Achselbereich, die bereits von Metastasen befallen waren. Was ich bei den Besuchen in der Klinik sah, ist fast nicht mit Worten zu beschreiben. In jedem

Zimmer kroch schon der Tod umher und wartete.

Trotz des vielen Kummers konnte ich in Gesprächen mit Kranken und Angehörigen oft einen erstaunlichen Willen zum Leben und Bereitschaft zum Kämpfen feststellen. Die Patienten hatten oft schon einen jahrelangen Leidensweg hinter sich und trotz allem waren sie immer noch voll ungebrochenem Optimismus.
Immer wenn ich nach einem Besuch das Krankenhaus verließ, dankte ich Gott für meine Gesundheit und für alles, was ich hatte.

Ich hatte nie vorher eine Verbindung zu Gott (oder der höheren Intelligenz) . Ganz automatisch wandte ich mich an "jemanden", der mir Kraft geben sollte. Merkwürdig - aber es war einfach so.

Nach zwei Jahren Behandlung, Hoffen und Bangen, verstarb meine Frau 1995 im September.
Ich konnte damit überhaupt nicht umgehen. Ich konnte nicht eine Nacht mehr in unserem Hause übernachten. Meine Ex-Schwägerin und ihre Familie nahmen mich spontan auf für einige Wochen, bis ich eine Wohnung gefunden hatte. Auf diesem Wege vielen Dank an euch für eure Hilfe. Ihr habt mir damals sehr viel geholfen.
Dann kam ein schlimmer Winter für mich.
Ich wachte oft nachts oder am Morgen auf, mir war schlecht und elend. Ich dachte, ich hätte Darmkrebs und würde auch bald sterben. Meine Schwägerin machte mir dann im Februar einen Termin beim Arzt. Ich ließ mich durchchecken. Alles war physisch in Ordnung. Mein Arzt gab mir den Rat: "Mach deinen Sport wieder weiter".
Ich tat dies, verbissen am Anfang, aber mit einem unheimlichen Willen.

Dann ging es mir wöchentlich besser. Ich rannte und

schrie mir den Schmerz aus dem Körper. Immer wieder. Im Sommer hatte ich das Schlimmste überstanden.

Ich hatte ja nur zwei Möglichkeiten:
Entweder ich ließ mich hängen und folgte meiner Frau ins Grab (was niemandem geholfen hätte) oder
ich bemitleidete mich nicht und kämpfte und wollte leben.

Ich tat das Zweite.
Ich hatte in der Zeit gelernt: Schnell kann das Leben zu Ende sein.
Ich genieße jeden Augenblick.
Ich bestimme über meine Zukunft durch die Kraft meiner Gedanken. Wieso kamen gerade zu diesem Zeitpunkt die Hilferufe zu etwas "Höherem"?

Damals wusste ich keine Antwort.

Heute weiß ich die Antwort.
Weil kein Mensch ohne den Geist, das Urvertrauen, auf Dauer glücklich und gesund leben kann.
Es ist meine feste Überzeugung, dass jeder eine gewisse Zeit mit reinem Kopfdenken "gut" leben kann. Aber irgendwann ist Schluss. Wenn sich Kopf und Gefühl (Herz) auf Dauer in gegenseitiger Spannung befinden, endet dies in psychischen oder physischen Krankheiten.

Nur der Einklang beider kann den Menschen von innen heraus zufrieden und in sich ruhend, vereint zu einem wirklich glücklichen Menschen machen.
Die beste und teuerste Medizin, die keiner heute mehr bezahlen kann, hilft nichts, wenn der Patient nicht den Willen zum Leben hat und die innere Ruhe und vor allem den Zugang zur "höheren Stimme" in sich nicht findet.

Es werden Wunder geschehen, wenn du lernst, diese Stimme wahrzunehmen, zu verstehen und sie als "höchste Instanz" zu achten, zu respektieren und danach zu handeln.

Ich habe dadurch "meinen" Engel gesehen.
Ich bin dadurch gesund.
Ich werde keinen Menschen auf der Welt hassen können.
Ich werde jedem Menschen verzeihen können.
Ich habe die Kraft, auch mir zu verzeihen.
An meiner Geduld muss ich noch arbeiten.
Ich habe die Zuversicht und den Mut, mein Leben zu gestalten.
Ich habe die Pflicht, meine Erfahrungen und mein Wissen an viele Menschen weiterzugeben und zu helfen.

Dies ist der Antrieb für meine Arbeit.
Die tägliche Motivation für mich, zu schreiben.

Konzentriere dich auf das Wesentliche und auf das Ursprüngliche, was dein Leben wirklich erfüllend macht.
Finde es heraus.

Ich sprach vorher die, ich nenne sie, "göttliche oder höchste Intelligenz" an.
Wie erhalte ich Zugang zu dieser Intelligenz?

Die folgenden Tipps sind nicht alle auf meinen "Kraut" gewachsen. Ich habe sie mir aus verschiedenen Lektüren zusammengesucht. Einige sind von mir selbst angeeignete Praktiken. Das Wichtigste: suche dir die heraus, mit denen du dich am besten identifizieren kannst.

1. Alpha-Training

Hier geht es darum, durch Tiefenentspannung in einen absoluten Ruhezustand zu kommen.
Ich empfehle dafür Fachlektüre bzw. einen Grundkurs.

2. Meditation

- Joga

- autogenes Training

Also alles Techniken, bei denen du dich vollkommen in tiefe Ruhe und Entspannung versetzen kannst.

Wichtig ist, dass du dich für diese Art der Entspannung öffnest, nur dann kann die gewünschte Wirkung einsetzen.

Es gibt natürlich viele weitere Möglichkeiten. Ich mache seit vielen Jahren autogenes Training.
Auch hier ist ein Kurs zu empfehlen und wird von der Krankenkasse bezahlt. Du hast bereits nach wenigen Sitzungen die ersten Erfolge. Nach 6-8 Wochen bist du in der Lage, dich selbst in Entspannung zu versetzen.
Die Vorteile, die ich kennen gelernt habe, sind erstaunlich.
Du kannst zuerst einzelne Körperteile beeinflussen, dann den gesamten Körper, z. B. Kopfschmerzen, Magenschmerzen, Herzklopfen, Schwitzen, aufgeregt sein, Angstzustände und vieles mehr, auch Stress und Überbelastung.

Was noch hinzu kommt, ist, dass du in der tiefen Ruhe nach wenigen Minuten - bei geschlossenen Augen - Bilder siehst, Eindrücke aus dem Unterbewusstsein, weitere Erlebnisse hast, die dann auch die Chance vorbereiten, zur höchsten, "göttlichen" Intelligenz

Zugang zu erhalten. In diesem Zustand hast du die Möglichkeit, zu kommunizieren, Fragen zu stellen und Hilfe in bestimmten Situationen zu erhalten.

So war mir auch damals der Engel erschienen.

Durch die Gewissheit, dass du in diesem Zustand an die höhere Kraft gelangen kannst, hast du dauerhaft das Gefühl, dass du jederzeit unterstützt und beschützt wirst.
Dies war und ist für mich eine tolle und lebensverändernde Tatsache.

Ich fühle seither einen stärker werdenden Drang zum Helfen und zur Liebe für alle Menschen.

Natürlich gibt es ab und zu "Rückfälle", trotzdem führt mich dieses Training immer stabiler zur "innerlichen" Liebe.
Sie ist die stärkste Kraft im gesamten Kosmos!

Ab hier erscheinen immer wieder Gedanken, nennen wir sie „Leitsätze". Sie sollen dir helfen, Dinge, die für dich wichtig sind, umzusetzen.

Heute denke ich sehr viel an unsere Tochter.

Der Drang, Menschen zu helfen, schnell, wird jeden Tag stärker, das Verlangen, Menschen in Seminaren Tipps zu geben, wird immer klarer.
Ich werde meinen Traum, das Buch 2010 zu veröffentlichen, und den Traum "Hotel für behinderte Sportler" 2016 erfüllen.

Mir geht's zu langsam, aber mein Gefühl sagt mit, es geht besser, wenn du gelassen bleibst.
Das Leitwort heute ist: dranbleiben.

Meine Kindheit - bis 18 - war geprägt von der

Nachkriegszeit. Wir lebten in einer Wohnung mit drei Zimmern, Küche, Bad, Altbau. Klo im Innenhof - unbeheizt, also sehr einfach. Wenn ich heute darüber nachdenke, machte mir das gar nichts aus. Warmes Wasser machen mit Holzofen zum Baden.
Kein Handy, kein Fernsehgerät, kein Mikro, keine Waschmaschine, kein Trockner, kein Geschirrspüler, keine Stereoanlage, kein Navigationssystem.
Trotzdem funktionierte das Leben einwandfrei.

Nicht dass du denkst, ich sei gegen die heutigen Annehmlichkeiten der Technik und der Zivilisation - im Gegenteil. Heute ist die Zeit der weltweiten Kommunikation, Computer, E-Mail, Handy - alles Erleichterungen, vor allem im Geschäftsleben.
Die Globalisierung der Welt verlangt direkt eine schnelle Information.

Allerdings bringt diese Versuchung auch große Gefahren mit sich.

Wir haben uns damals noch sehr viel unterhalten, ausgetauscht, Spiele gemacht, den Gegenüber angeschaut, gelesen, uns füreinander interessiert, uns gespürt.
Unser Einkommen war Durchschnitt. Wir besaßen auch ein Auto. Als Kinder spielten wir oft draußen, Indianer, Fußball, waren in der Natur, wir hatten Freunde, wir feierten Geburtstage, wir machten auch Dummheiten, wir saßen aber nicht am Game-Boy, Computer, Fernseher und vereinsamten.

Heute kenne ich viele Jugendliche - auch Erwachsene, die sich nicht mehr in ein "normales" Gespräch einlassen können, die nicht mehr ein Gespräch anfangen können, geschweige ein intensives Gespräch führen können.

Kein persönlicher Kontakt heißt: Vereinsamung,

Verdummung, Verhaltensstörungen, Verwahrlosung, Krankheit, bis zum Selbstmord.
Der Mensch lebt in einer künstlichen Welt.
Er interessiert sich nicht für seinen Freund, seinen Partner, seinen Nachbarn. Er lebt allein. Sein bester Freund ist sein Computer. Andere Freunde hat er nicht mehr. Ich bin überzeugt, wenn wir diese Situation nicht durchbrechen, wird dies das Ende unserer Kultur, unseres Volkes sein.

Wir haben ja nicht mal Zeit in der heutigen ruhelosen Hektik, Kinder zu zeugen, auch fehlt der Mut dazu.

Natürlich sind die finanziellen Rahmenbedingungen (Alibi) nicht gut. Aber, was ist gut?
Denkst du, nach dem Krieg (um 1950-1955) waren diese besser? Trotzdem war die Anzahl der Kinder deutlich höher. Warum? Wir waren zwei Brüder. Meine Mutter waren zehn Geschwister und keiner ist verhungert. Warum?
Die Einstellung zur Familie, zu Kindern war anders - sonst gar nichts.

Ich habe oft nur ein Butterbrot mit Schnittlauch mit in die Schule bekommen oder ein Butterbrot mit zwei bis drei Schokostückchen, morgens gab es eine Lebertrankapsel. Und ich bin ein "Prachtkerl" geworden, heute kerngesund, alle 1. Zähne (54 Jahre), keine künstlichen. Es gab kein Fastfood oder Pommes, alles Fett, Fett, Fett.
Und es gab nicht das überdimensionale Gesundheitssystem, das uns heute mit in den Ruin treibt.

Keine Kinderdiabetes, die heute schon viele Schulkinder zu lebenslangen Einnahmen von Medikamenten zwingt. Keine Fettleibigkeit bei 8-10-Jährigen, die später sicher zu Stoffwechsel- und Herz-Kreislaufproblemen führen. Wir aßen Kartoffeln, Käse,

Obst und Wurst, Salat, keine aufgeschwemmten, genmanipulierten, verseuchten Fertigprodukte, ohne Nährstoffe.
Wir bewegten uns mal einige Schritte zu Fuß ohne Aufzug.

Können wir Menschen so blöd sein, zu glauben, mit Geld, falls vorhanden, können wir die Gesundheit aus der Apotheke per Rezept kaufen? Entwickeln wir uns geistig zurück?
Mehr Geld bei einigen Wenigen, heißt noch lange nicht mehr Verstand. Wir sollten schnell beginnen, unserem "gesunden" Menschenverstand zu vertrauen, der in jedem von uns schlummert. Werden wir endlich wach und wir werden feststellen, was alles in uns steckt.

Wir müssen selber bei uns anfangen und nicht über andere urteilen oder es von anderen verlangen. Ich hatte bestimmt keine Kindheit, in der ich alles bekam, was ich wollte, ich wurde deutlich eingeschränkt, in Freizeit z. B.
Ich denke, ich bin nicht total verhätschelt (verweichlicht).

Im Alter von 10, 11, 12 Jahren musste ich in den Ferien jeden Tag Aufgaben machen, die mir mein Vater gab, z. B. Aufsätze schreiben, rechnen etc.

Ich hatte also jeden Tag in den Sommerferien 2-3 Stunden zu tun.
In dieser Zeit waren meine Freunde unterwegs und hatten "frei". Dann musste ich im Garten Unkraut jäten. Meine Ferienzeit, im Sommer sechs Wochen, war für mich - damals empfunden - sehr beschnitten. Ich war natürlich nicht glücklich darüber. Ich war auch sehr gerne in der Natur, ich liebte, wie heute noch, das Wasser, Teiche, kleine Seen, wo ich auch Kaulquappen fing und sie dann als Frösche wieder in

die Freiheit setzte. Mein Zimmer war ein kleiner Zoo. Fische, Frösche, Heuschrecken, Salamander, Eidechsen waren meine Mitbewohner.

Bis heute ist die Liebe zu Tieren und zur Natur geblieben. Ich kann stundenlang an einem See sitzen und aufs Wasser schauen. Das entspannt mich wahnsinnig.

Wenn ich zurückdenke, muss ich zugeben, dass ich durch meinen Vater für das Leben viel gelernt habe. Ich beherrsche die deutsche Sprache in Schrift, Grammatik und Ausdruck.
Heute sind ja viele junge Menschen nicht mehr in der Lage, drei Sätze fehlerlos zu schreiben. Dies ist meiner Meinung nach ein Armutszeugnis.

Der nächste Punkt ist, ich habe gelernt, zu arbeiten, Disziplin zu haben und nie "rumzuhängen" und nicht zu wissen, was ich mit mir anfangen soll.

Langeweile kenne ich nicht.
Langeweile kann die Geburtsstätte für allen möglichen Unsinn sein und der Wegbahner auf die "schiefe" Bahn.
Ich war auch mit 10 Jahren im Turnverein , dann mit 14 im Schwimmverein. Training, Wettkämpfe, das Beisammensein im Verein fördern auch den Gemeinschaftssinn, die Kameradschaft und die Kommunikation und nebenbei auch die Gesundheit.

Zum Sport komme ich später noch mal zurück.

Ab dem 12. Lebensjahr besuchte ich das Gymnasium. Als mein Vater starb, war ich 18 Jahre und hatte gerade die mittlere Reife abgeschlossen. Mein Traum war schon als Kind, Medizin zu studieren. Ich wollte immer Chirurg werden und Menschen helfen. Diesen Traum musste ich abrupt beenden. Ich verließ das

Gymnasium und begann ein Lehre als Bankkaufmann, die ich mit 21 Jahren beendete.

Ich war danach 15 Jahre im Bankgeschäft. Der Tod meines Vaters war erst mal nicht so schlimm, ich fühlte keine Trauer über den Verlust, sondern eine Befreiung aus der Umklammerung und Kontrolle - ich war "frei".
Ich verließ die Schule, musste nicht mehr lernen, ich war wie gelöst, der Druck war weg.
Die Lehre war ohne große Höhen und Tiefen.
Ich wohnte in der Zeit mit meinem Bruder bei unserer Mutter. Ich trainierte fast jeden Tag im Kraftsportstudio, abends war mit Freunden Disco angesagt. Einfach leben, Spaß, das war die Devise. Es war eine sehr schöne Zeit.

Meine erste Frau lernte ich mit 20 Jahren in einer Disco kennen.
Ich hatte bis zu diesem Zeitpunkt praktisch keine Erfahrung in Sachen Sex. Auch Sexerfahrungen muss man sammeln, wie alles. Wie soll man ohne Übung lernen?
Dieses Manko war besonders in meiner zweiten Ehe ein entscheidender Punkt.

Es ist wichtig in einer funktionierenden Beziehung zu wissen, wie verführt man eine Frau? Wie fühlt sich eine Frau begehrt und verstanden und geliebt? Wann und wie braucht eine Frau Zärtlichkeit?
Das ist ein großes Thema. Allerdings bin ich hier nicht der richtige Ansprechpartner.

Meine erste Frau und ich heirateten 1971. Danach zogen wir in eine kleine Wohnung. Ich musste Anfang 1972 zum Bund. Meine Pflichtzeit war 15 Monate, daher wurde ich am 30.3.1973 entlassen. Ich wechselte direkt danach meinen Arbeitgeber, blieb aber im Bankgeschäft.

Meine Frau war ein sehr liebevoller und ruhiger Mensch. Natürlich hatten wir auch mal Streit, sonst verlief unsere Ehe harmonisch, allerdings auch ohne die großen "Highlights", wir waren zufrieden und glücklich.

Meine Frau hatte eine sehr gute Menschenkenntnis, war aber introvertiert und sehr ruhig.
Ich mache mir heute Gedanken darüber, dass wir zu wenig kommuniziert haben. Sie hat auch zu wenig gefordert in der Hinsicht und ich war nicht soweit, zu erkennen, dass dies der wichtigste Punkt überhaupt in einer Beziehung ist.
Durch den heutigen Stand meines Wissens denke ich, ihre Krankheit, erst der Alkoholismus, dann der Krebs, wären vielleicht nicht ausgebrochen, wenn wir mehr gesprochen, verarbeitet, rausgelassen hätten.
Ich bin mir heute sicher, sie hat doch vieles in sich "reingefressen" und ich hab nicht gefragt. Dadurch hatte sie nicht die Möglichkeit, die negative Energie abfließen zu lassen. So haben viele Krankheiten erst die Möglichkeit, im Körper "Fuß" zu fassen, die Zellen beginnen mit Fehlreaktionen und schließlich kommt die Krankheit als eine Art "Hilferuf der Seele" zum Vorschein.

Wir hatten zwar gemeinsam alles: erst eine schöne Wohnung, dann ein geräumiges Haus, Urlaub, Ausgehen, also es fehlte an nichts, trotzdem bin ich mir sicher, dass sie in ihrem tiefsten Inneren nicht ruhte und nicht vollkommen zufrieden war, d. h. sie war nicht eins mit der "göttlichen Intelligenz".

Dies bedeutet: Körper, Geist und Seele sind nicht in totalem Einklang, Energie kann nicht widerstandslos fließen, Blockaden und Krankheiten entstehen.

Sie hatte während der nassen Phase des Alkohols

vieles durchzustehen. Erst fiel mir nichts auf. Sie versteckte den Alkohol in Ecken, die mir niemals eingefallen wären. Irgendwann bemerkte ich, dass Verhaltensveränderungen eintraten, Stimmungsschwankungen, sie war in alkoholisiertem Zustand nicht klar einschätzbar. Ich wusste dann nicht, wie ich mich verhalten sollte.

Ich hatte Angst, „was ist heute wieder los, wenn ich von der Arbeit heimkomme?" Mit der Zeit wird dies ja zur ständigen Sorge. So ging das weiter, bis die gesamte Familie beschloss, dass meine Frau eine Therapie machte. Sie selbst war auch einverstanden, das Wichtigste.

Nach der Therapie (vier Wochen stationär) nahm ich an der Nachtherapie - zweimal die Woche - teil. Wir kamen in einen neuen Bekanntenkreis, trafen uns auch privat regelmäßig und lernten, auch als Partner, mit der Krankheit umzugehen. Allerdings gab es auch schwere Rückschläge mit Todesfällen. Ungefähr 80 Prozent waren nach zehn Jahren rückfällig.

Meine Frau schaffte es mit eisernem Willen! Nie mehr Alkohol! Ich bin noch tief beeindruckt von der Leistung, einfach stolz auf sie. Danke. Wir haben das beide geschafft.
In den Jahren unserer Ehe waren wir meist zweimal im Jahr in Urlaub. Flugreisen ins Warme, Gardasee, Holland, bis 1993 der Krebs erbarmungslos zuschlug.

Die Diagnose war November 1992.
Brustkrebs! Sofortiges Handeln war notwendig.
Meine Frau wurde Januar 1993 operiert.
Brustentfernung und Entfernung von Lymphdrüsen im Achselbereich. Chemotherapie folgte. Dann 1995 bei einer Nachuntersuchung die Diagnose: alles o.k.
Keine Werte im Blut feststellbar! Sie hatte es wieder geschafft, glaubten wir.

Wir fuhren im Frühjahr 1995 nach Holland und im September 1995 an den Gardasee. Dann folgte eine sehr schlimme Zeit. Nach einer Woche im Urlaub, bis dorthin war alles bestens, klagte meine Frau über Appetitlosigkeit, nachts schlechte Atmung - schlapp und antriebslos.
Nach insgesamt 12 Tagen im Urlaub wollte meine Frau nach Hause. Dies stimmte mich äußerst nachdenklich, sie wollte nie vom Urlaub zurück nach Hause.

Wir telefonierten mit ihrer Schwester und fuhren zurück. Freitag nachts kamen wir heim. Notarzt samstags. Einlieferung Dienstag in die Heidelberger Uniklinik.
Sie starb am Donnerstag im Krankenhaus. Dies alles innerhalb von 8 Tagen. Der Tod kam innerhalb einer Woche.
Aus!

Der geliebte Mensch ging und ließ mich und die Familie zurück. Die Frage kam auf - immer und immer wieder - warum?
Auf diese Frage gibt es keine Antwort!
Es dauerte einige Wochen bis ich das begriff. Die Monate September 95 bis Juni 96 klammerte ich, fragte mich, zog mich zurück. Es war ein langer, dunkler Winter. Ich selbst dachte, ich müsse sterben. Irgendwann ließ ich mich von meinem Hausarzt durchchecken. Körperlich war alles in Ordnung. Nur der Kopf wollte noch nicht. Ich begriff dann, dank meines starken Willens, ich muss meinen Kopf, meine Einstellung, meinen Geist ändern.

Bei mir ging's mit Kraftaufwand. Ich stand morgens bei Dunkelheit auf, joggte drei-, viermal pro Woche um 6 30 Uhr im Weinberg und schrie allen Frust beim Joggen raus. So befreite ich mich innerhalb von drei Monaten aus meinem Gedankenkorsett und begann

ein neues Leben.
Mir ging es Tag für Tag besser. Ich wollte einfach leben!
Viel hat uns allen auch die Gemeinsamkeit der Familie geholfen, wir hielten zusammen.

Fazit: Wenn solche Lebenssituationen eintreten, hilft dir dein Wille, das Leben so zu leben, wie du es jetzt gestaltest, was du jetzt willst, was du daraus machst, wie du deine Zukunft siehst, welchen Weg du einschlägst.

Trainiere deinen Kopf täglich durch Disziplin deiner Gedanken. Es sind ja oft die "kleinen" Dinge des Tages, die uns zu schaffen machen.
Nimm eine schlechte Nachricht als Ärgernis oder als Aufforderung zum Nachdenken und zur Veränderung.

Natürlich kannst du den Verlust eines Menschen nicht so einfach wegstecken, nur du kannst zumindest versuchen, einen Weg zu finden, um nicht aus der Bahn geworfen zu werden und zu verzweifeln.
Dabei sollte jeder versuchen, einen Weg zu finden, wie er sich ein Ventil für solche "Stresssituationen" schaffen kann.

Bei mir ist es der Sport sowie Entspannungs- und Atemübungen. Der Sport ist für mich ein Gradmesser meines Leistungszustandes. Er ist immer förderlich, in guten und in schlechten Zeiten. Gerade bei extrem psychischen Belastungen, nach einer Niederlage, nach einem anstrengenden Tag, z. B. ich habe noch spät einen Termin, kann ich in mir feststellen, was noch "geht".
Hier vergleiche ich meine geistige Belastung mit der körperlichen, d. h. ich weiß genau, wo sind beim Sport 100 Prozent erreicht. Ich höre in meinen Körper, bin ich bei 80 Prozent, 95-98 Prozent oder bereits am Limit?

Dies wird im Laufe der Zeit Routine aus der Erfahrung und ich fühle genau, was ich meinem Körper noch zumuten kann. Ich muss ab und zu an die Grenze gehen, auch mal an die Schmerzgrenze, nur so kann ich die Belastbarkeit erhöhen.

Also sag ich, wo ist jetzt meine geistige Belastbarkeit, und kann mich auf diese Weise besser auf den bevorstehenden Termin vorbereiten.

Das gibt mir die Sicherheit und Ruhe, zu wissen, 1-1,5 oder 2 Stunden bestimmt gut durchzustehen. Ich gehe ganz anders konzentriert ins Gespräch, weil ich von meiner Schmerzgrenze noch entsprechend weit entfernt bin.

Stelle dir folgende Skala zum Energieverbrauch bei einem Bürojob vor:

Körperliche Skala	geistige Skala
0 Prozent	0 Prozent
5 Prozent	50 Prozent
	75 Prozent z. B. 18.00 Uhr
Stand	
10 Prozent	95 Prozent z. B. 20.00 Uhr
Stand	

Beispiel:
Mit 0 Prozent Energieverlust beginnt es am Morgen, körperlich habe ich abends noch ca. 90 Prozent, geistig habe ich um 18.00 Uhr noch 25 Prozent zur Verfügung. Ich brauche für einen Termin ca. 20 Prozent, d. h. ich habe noch ca. 5 Prozent Reserve, kann also den Termin ruhig angehen.
So kann ich meine Kräfte einschätzen und einteilen! Hier vergleiche ich mit meiner physischen Verfassung:
Für ein Gespräch von zwei Stunden brauche ich ca. 20 Prozent Energie - also habe ich noch 25 Prozent heute zur Verfügung. Alles o.k.

Natürlich gibt es keine Messlatte, wie z. B. ein Thermometer, das genau aufzeigt und du ablesen kannst. Ich nenne es "meine innere Skala". Wenn du diese Praktik drei Jahre durchführst, wirst du selbst feststellen können, wo du dich befindest und deine "innere Skala" wird genauso funktionieren.

Du kannst dich so besser einschätzen. Was kannst du noch leisten? Wann ist Schluss? Du musst dann aber auch auf deine innere Stimme hören und nicht überziehen.

Du lernst dich im Laufe der Zeit deutlich besser kennen und aus diesem Wissensstand deine Vorteile zu ziehen. Du kannst diese "innere Skala" meiner Meinung am besten über den Sport lernen.

Du musst für deine körperliche Belastbarkeit sensibel werden. Lass dich vom Arzt durchchecken, um festzustellen, dass du körperlich in Ordnung bist. Dann beginne langsam mit einer Ausdauersportart: Schwimmen, Joggen, Walking, Radfahren, etc.

Du musst in festen Abständen deinen Puls (mit Hand) oder mit heute überall erhältlichen Geräten, die du am Handgelenk platzierst, messen. Was dein optimaler Pulsschlag ist, kann dir dein Arzt genau sagen.
Das Gespür für deinen Trainingsstand bekommst du sicherlich innerhalb eines Jahres. Frage nicht, wie das geht.

Stelle dir hier keine Fragen. Du brauchst keine Fragen zu stellen und keine Antworten zu erwarten.

Höre einfach in deinen Körper hinein. Dein Körper gibt dir die richtige Antwort!

Ich habe in 45 Jahren meines Sportlerlebens bis heute erfahren, wie "es" geht, glaube mir, nimm diese Aussage von mir mit Vertrauen auf.

Unbedingt wichtig ist es, nach solchen Belastungsspitzen die Entspannung genauso zu pflegen und sich wieder auf absolute "Ruhelevel" zu begeben.

Wie geht das?
Eine Übung, die ich regelmäßig durchführe, ist eine Atemübung.

Du legst dich auf eine angenehme Unterlage. Du solltest es dir so bequem machen, dass du dich ausgesprochen wohl fühlst, gemütlich warm, mit beruhigender, leiser Musik.
Dann legst du deinen Zeigefinger auf deinen Nabel.
Du spürst dann in deinem Finger deinen Herzschlag.

Übung:
Du atmest tief ein, innerhalb von sechs Herzschlägen.
Du hältst den Atem an, sechs Herzschläge lang.
Du atmest tief aus innerhalb von sechs Herzschlägen.

Das Ganze machst du zwölfmal, täglich mindestens zweimal.

Danach streckst du dich und richtest dich langsam auf.
Du fühlst dich nach einiger Übung sehr entspannt, ruhig und alle Anspannung ist weg.
Du befindest dich nach 10 Minuten in absoluter Entspannung.

Planung zum finanziellen Wachstum

Im Jahre 1993 kaufte ich mein erstes Haus, privat. Meine Überlegung war, dass ich z. B. in 30 Jahren 90.000 Euro Miete zahle, für andere, wäre das klug? Andererseits, wenn ich für mich bezahle, bleibt das Geld in meinem Vermögen. Also finanzierte ich ein Haus für 150.000 Euro. Ein Teil für uns, ein Teil vermietet. Wir zahlten gesamt für die Finanzierung ca. 750 Euro an die Bank. Davon waren Mieteinnahmen von 250 Euro abzuziehen. Folglich zahlte der Mieter einen Teil von dem Haus ab. Dies war soweit gedanklich und rechnerisch nachvollziehbar und hätte auch funktioniert, wenn, ja wenn nicht der Gedanke in mir aufgeblitzt wäre, das Gleiche in größerem Stil aufzuziehen.

Dies war der erste folgenschwere Fehler.

Achtung: Hüte dich vor zu übereilten Schritten Setze immer mindestens 25 Prozent Eigenkapital ein. Sei begeistert, aber setze vor die Begeisterung die Geduld.

Ich kaufte in den nächsten fünf Jahren fünf Objekte:
- *ein Haus für 400.000 Euro,*
- *ein Haus für 325.000 Euro,*
- *ein Haus für 600.000 Euro,*
- *ein Haus für 1.000.000 Euro,*
- *eine Wohnung für 150.000 Euro*

.
Ich wollte auch noch einen Supermarkt für 1,25 Millionen Euro kaufen. Gesamt ca. 2.500.000 Euro, alle voll finanziert.

Ich war erstaunt, wie leicht das ging. Ich war zu gierig.
Die Banken waren zu gierig. Ein Verhängnis.

Achtung: Schalte bei jedem Geschäft deine Gier aus und setze deine Klugheit ein! Der wichtigste Leitsatz überhaupt! Er entscheidet über Niederlage oder Sieg!

In den ersten zwei Jahren liefen die Objekte wie geplant.
Ich hatte insgesamt ca. 7-8.000 Euro Überschuss pro Jahr, also mehr Mieteinnahmen als Bankverpflichtungen.

Das war eine Basis, die mir "gesund" erschien.
Ein Objekt war dabei, Kaufpreis 600.000 Euro, bei dem sich die Miete auf 8 Euro pro qm belief. Das Objekt bestand aus 1-Zimmer-Appartments, die Stadt bezahlte die Miete, also Sozialwohnungen für Übersiedler. Die Stadt schien mir als sicherer Mieter.

Fehler! Die Stadt kürzte in der Zeit der Rezession 1995 die Miete auf die Hälfte, also 4 Euro. Das war nicht vorhersehbar. Weder für mich noch für die finanzierende Bank.
Mit diesem Schlag konnte ich den Überschuss für dieses Haus nicht mehr halten - er verwandelte sich in einen Fehlbetrag.
Das war der Anfang vom Abstieg. Eine Zeit lang konnte ich dieses Defizit aus anderen Objekten auffangen. Dann gab es natürlich auch dort Minusbeträge.

Irgendwann war der Gesamtbetrag, der fehlte, so groß, dass ich meine Zinsen und Tilgungen nicht mehr zahlen konnte. Die Banken sperrten mir nach einer gewissen Stundungsfrist die Konten und kündigten mir die Kredite.
Die Folge: Zwangsversteigerung! Das Aus!

Achtung: Vermische niemals Objekte untereinander. Jedes muss für sich alleine ertragsfähig sein, sonst zieht das eine das andere mit in den Strudel!

Achtung: Trenne private und geschäftliche Konten.

Nimm nie Geld aus dem Geschäft für private Zahlungen, außer es handelt sich um offizielle, geplante Privatentnahmen als Gehalt.
Sorge dafür, dass im Falle des Konkurses dein Privatvermögen gesichert ist, legal.
Lasse dir für diesen Fall von einem Anwalt oder Notar die entsprechenden Verträge machen. Diese Investition lohnt sich.

In dieser Zeit des Niedergangs, in der ich noch versuchte, die Lage nicht real zu sehen - ich war wie gelähmt und handlungsunfähig, lernte ich meine damalige Frau kennen. Es war im Jahr 1996. Es begann eine sehr schöne und intensive Zeit des (Er-)Lebens.

Ich war wieder aus der schlimmen Zeit nach dem Tod meiner Frau heraus. Zu dieser Zeit arbeitete ich in einem Immobilienbüro. Ich lebte allein in einer schönen Wohnung. Am Abend ging ich regelmäßig in ein Cafe an der Ecke.
Dort aß ich eine Kleinigkeit und trank ein Gläschen Wein. Ich lernte neue Menschen kennen und wir hatten viel Spaß in unserer Unterhaltung. Mit Musik, Quatsch, und einfach gemütlichem Beisammensein war dies der Ausklang des Tages. Meine jetzige Frau bediente dort und fiel mir sofort durch ihre lockere Art, schwungvoll und lustig, sehr attraktiv und gutaussehend, auf. Sie war der Anziehungspunkt hinterm Tresen.
Sie verstand jeden Spaß und war unkompliziert und spontan. Das gefiel mir.
So alberten wir rum und kamen uns etwas näher. Sie sagte zuerst nur "Jaguar-Harald" zu mir, weil ich damals einen Jaguar fuhr.

Ich erfuhr, dass sie gerne in einer überdurchschnittlich großen Badewanne baden möchte. Ich hatte eine. So lud ich sie ein, bei mir zu baden. Sonst nichts - ausdrücklich.
Einige Zeit ging so dahin. Ich sagte, ich meinte es ernst. Naja!?
Plötzlich eines Abends, unverhofft, klingelt es. Ich erwartete niemanden. Ich machte auf. Sie stand vor der Tür und wollte baden. Gut.

Wir waren bereits vorher einige Male verabredet und tanzen. Bis zu diesem Abend war sexuell noch nichts gelaufen.
An diesem "Badeabend" wurde ich verführt. Es war traumhaft, zwar total überraschend, aber einfach schön.

Es war Ende 1996, wir hatten viel Spaß, gingen mit Bekannten und Freunden tanzen, viele Nächte, auch privat, gefeiert und ich lernte Sex ganz neu. Ich war bis dorthin sexuell "eingefahren" und auch nicht sehr erfahren. Sie hatte deutlich mehr Partner und mehr Erfahrung mit Sex als ich, was mir natürlich gefiel. Und ich lernte und profitierte davon. Ich weiß heute, ich war innerhalb weniger Wochen abhängig von dieser Frau.

PS: Falls "du" diese Zeilen lesen solltest, dies ist in keiner Weise irgendein versteckter Vorwurf. Es war ja toll! Einfach superg..l ... Nur ich hätte anders reagieren müssen. Heute weiß ich es.

Wir heirateten dann im Jahr 1997.
Sie ist 20 Jahre jünger als ich. Uns hat das nie etwas bedeutet. Anderen schon. Wir machten uns darüber keine Gedanken. Wir wussten genau, was wir wollten. Allerdings schleppte ich schon zu diesem Zeitpunkt die schwere Last meiner finanziellen Situation mit in

diese Beziehung.
Diese Situation wurde später zu einer großen
Dauerbelastung für uns.

Wir heirateten auf Barbados. Nach einer Woche auf
einem Kreuzfahrtschiff in der Karibik heirateten wir
im Hotel auf Barbados. Es war eine Traumhochzeit
wie im Märchen. Wir - ich - dachten, es ist für "ewig".
Wir waren der Mittelpunkt der Welt. Wir waren
glücklich. Wir feierten, schwammen nachts im Meer
bei 27 Grad Wassertemperatur, sprangen in den Pool,
ließen uns kulinarisch verwöhnen, liebten uns, gingen
am Strand spazieren. Wir waren im Paradies. Es
könnte einfach die Zeit stehen bleiben!

Und sie blieb stehen, bis wir im Alltag zurückwaren.
Wir lösten unsere beiden Wohnungen auf und zogen
gemeinsam in mein Haus. Es war auf dem Land, in
einer Gemeinde mit 700 Einwohnern. Idyllisch und
traumhaft.

Ich schlängelte mich finanziell noch "solala" durch.
An einem Abend rief die Schwester meiner Frau an,
die zu diesem Zeitpunkt in der Nähe von München
wohnte und arbeitete. Damit begann ein halbes Jahr
später die berufliche Veränderung für mich und
meine Frau und der Umzug - zwei Jahre später - nach
München.
Die Ursache dafür wurde in zwei Telefonaten gesetzt.

Ich fuhr dann im Jahr 1997 nach München zu einem
Seminar und schaute mir an, was meine Schwägerin
dort arbeitete. Ich hatte von diesem Geschäft
(Finanzdienstleistung im Vertrieb) bis dorthin
überhaupt keine Erfahrung und Vorstellung. Ich war
nach dem Seminar so begeistert, dass ich drei
Minuten später nach Seminarende vom Auto aus
meine Frau anrief und ihr sagte: "Da fange ich
morgen an". Ich fand das Ganze so toll, anderen

Menschen finanziell zu helfen (jetzt kommt das "Helfen wollen" wieder hervor), dass ich gar keine andere Alternative zuließ.

Ich startete sofort im Hauptberuf. Nach ungefähr einem Jahr stellten wir, meine Schwägerin, gleichzeitig meine Betreuerin, und ich, fest, dass meine Umsätze wohl besser wären, wenn ich näher bei ihr wohnte und damit auch besser ausgebildet werden könnte. Meine Frau und ich trafen nach einem Gespräch innerhalb einer Woche die Entscheidung, alle "Brücken" abzubrechen, also alles vor Ort aufzugeben, den Freundeskreis zu verlassen und bedingungslos und ohne Hintertür nach München zu ziehen.
Ganz oder gar nicht.

Für uns beide begann ein "neues" Leben. Wir zogen in eine schöne Wohnung und ich arbeitete bei meine Schwägerin im Büro. Von da an ging es karrieremäßig kontinuierlich aufwärts.
Das "Geschäft" war sehr umfangreich. Die Aufgaben waren unter anderem:
- Aufnahme von Analysen beim Kunden vor Ort,
- Vorbereitung im Büro durch Vergleiche am Computer,
- Einrichtung vom Serviceordner für Kunden,
- Beratung des Kunden im Büro,
- Nachbetreuung des Kunden,
- Schriftverkehr für den Kunden,
- Planung und Durchführung der finanziellen Strategie für den Kunden ein Leben lang
und vieles mehr.

Dafür brauchten wir selbstverständlich eine professionelle Schulung und Ausbildung. Die Richtungen waren unter anderem: Anlagen, Kredite, Gesundheitsvorsorge (Krankenkassen),

Sachversicherungen, Rente, Immobilien, Kinderprogramme, Grundbuchrecht, Organisation, Planung, Statistik, also ein sehr breites Spektrum.

Ich selbst habe lange Schulungen und Seminare geleitet und dafür musste ich sehr gründlich ausgebildet werden.

Es geht ja in diesem Buch darum, dass du für dein Leben und für deinen Beruf Hilfestellungen bekommst. Also lies jetzt sehr aufmerksam weiter.

Neustart

Als ich mit 47 Jahren anfing, war meine Betreuerin 25 Jahre jung.
Ich bin Sternzeichen "Skorpion" und - ich sag es ehrlich - manchmal störrisch, nennen wir es stur, und wenig kritikfähig. Und da sollte mir eine Frau, die 22 Jahre jünger ist, sagen, was und wie ich es zu tun habe. Ich musste mir bewusst werden, was ich wollte: entweder nichts annehmen und "stehen bleiben" oder mich total frei machen, blind führen lassen und annehmen, damit erfolgreich werden wollen.

Ich wollte das Letztere.

Dies war eine Entscheidung, deren Folgen mir zu diesem Zeitpunkt nicht bewusst waren. Es bedeutete: Schulbank drücken, von null beginnen, und vor allem mich total kontrollieren zu lassen.
Dies bedeutete in der Praxis, dass ich erst Feierabend hatte, wenn ich mein "Soll" erfüllt hatte, also alle Termine standen, die ich für meine Ziele (Verdienst) brauchte. Hatte ich zuwenig, hieß das abends, samstags oder sonntags Büro! Terminieren. Das war schon manchmal sehr hart. Alles in mir sträubte sich (manchmal), ich hätte dann am liebsten alles in die Ecke geworfen und nie mehr das Büro betreten. Dies war mir allerdings bewusst: Erfolg braucht Energie, Ursachen, und Fleiß.

Ich machte mir klar, was meine langfristigen Ziele sind, Visionen, ohne diese kannst du die notwendige Energie nicht aufbringen.
Also machte ich weiter, immer weiter, bis meine Termine standen. Ich steckte Anschisse ein, wurde aus der Freizeit zurückgepfiffen, ließ über sechs Jahre mein liebstes Hobby, Windsurfen, weg.

Aber die angesprochenen Maßnahmen zeigten

101

Wirkung: Ich wurde innerhalb von fünf Jahren Kanzleileiter, machte meinen Abschluss als Finanzwirt und verdiente gut. Ich bekam Auszeichnungen, Preise, Seminare und die Möglichkeit, mich mit unserem Vorstand und weiteren Führungskräften auszutauschen und von diesen Menschen zu lernen.

An dieser Stelle möchte ich unserem Vorstandsvorsitzenden ganz besonders danken. Er hat mir sehr viel gegeben und ich schätze ihn als einen bewundernswerten, sehr gerechten, ehrlichen und begeisternden Menschen. Er ist ein großes Vorbild für mich. Danke.

Daraus ergeben sich für dich als Leser einige wichtige Regeln, wenn du im Beruf erfolgreich werden willst:

Tu das, was dir dein Betreuer/Ausbilder sagt.
Vertraue deinem Betreuer zu 100 Prozent.
Sei loyal zu deinem Betreuer.
Lass Fremdkontrolle 100-prozentig zu.
Übe Selbstkontrolle.
Sei fleißig.
Vertraue dir 100-prozentig.
Setze dir ein klares Ziel.
Gehe eine offene und verbindliche Verpflichtung mit deinem Geschäftspartner ein.
Sei immer ehrlich zu anderen und zu dir.
Mach immer weiter, gib niemals auf.
Achte auf deine Gesundheit.
Orientiere dich immer an erfolgreichen Menschen.
Beachte alle bisherigen Regeln genau und setze sie in die Praxis um.
Achte darauf, dass Verstand und Gefühl im Einklang sind.
Diskutiere die Regeln nicht, sondern wende sie einfach an.

Hier könnte der Gedanke in dir aufsteigen: Na ja, ist ja alles wunderschön, aber ich versuch es anders.

Lass es! Vertraue auch mir!

In diesen Jahren, zwischen 1997 und 2003, hatte ich auch eine erste Begegnung mit "anderen Kräften". Durch meine Schwägerin kam ich zu einer Handleserin. Zuerst sträubte ich mich. Dann dachte ich, du kannst dir es ja mal ganz offen anhören, es kann ja nichts Negatives passieren.
Die Frau verblüffte mich durch sehr konkrete Angaben, die sie auf keinen Fall wissen konnte. O.k. Ich sah es als eine Erfahrung - mehr nicht.

Eine weitere Erfahrung war der Kontakt mit einem Menschen, der durch Gespräche und Berührung hilft. Auch hier war ich erst sehr skeptisch, dann ging ich zum ersten Termin. Meine Erfahrung und Sichtweise ist: Bevor du nicht mindestens einmal was ausprobiert hast, kannst du nicht wissen, wie es ist. Ich spürte schon bei der Begrüßung eine unwahrscheinlich angenehme und ruhige, sehr positive Ausstrahlung. Ich fühlte mich in Anwesenheit dieses Mannes sehr entspannt und wohl.
Wir unterhielten uns zu Beginn, um uns etwas kennen zu lernen. Dann legte ich mich auf die Liege.
Er umkreiste meinen Körper mit beiden Händen in einem Abstand von ca. 10 cm, aber ohne mich zu berühren. Er sprach einige Worte, die ich nicht verstand. Dies ging ca. 20-25 Minuten. Zum Schluss blies er mit seinem Atem einige Male in den Bauchraum in der Nähe des Solarplexus.

Danach musste ich mich kurz setzen und durfte dann aufstehen. Nach der 4. oder 5. Sitzung zeigte er mir eine Atemtechnik, die mir die Möglichkeit gibt, innerhalb von 10 Minuten vollkommen zu entspannen.

Ich habe diese Technik zuvor bereits erklärt (Finger auf den Nabel).

Seit dieser Zeit mache ich diese Übung, meist regelmäßig, und sie tut mir sehr gut und hilft gegen Stress, Unruhe, Angespanntheit. Mir ist erst sekundär wichtig, wie es funktioniert, sondern primär, dass es funktioniert. Es war einfach eine wahnsinnige Erfahrung, wie dieser Mann auf mich einging. Diese Übung gibt mir auch eine ganz andere Lebenssichtweise. Ruhe - vor allem innere Ruhe. Zug um Zug öffnete ich mich für die Sichtweite einer anderen, übersinnlichen, nicht durch Ratio zu verstehenden Ebene.

Denke an die heutige Medizin. Immer mehr Schulmediziner versuchen, das Wissen der alten Völker mit der Schulmedizin zu verbinden, weil sie feststellen müssen, dass sie trotz der modernen Technik an ihre Grenzen stoßen.
Wenn der Mensch nicht bereit ist, dieses höhere "Bewusstsein" zu erkennen, zu verstehen und zu nutzen, wird er langfristig zugrunde gehen.
Wird diese Möglichkeit aber genutzt, so sind 80 Prozent aller Erkrankungen verschwunden.
Jeder Mensch ist für sich selbst verantwortlich, und nicht der Arzt, der Partner, der Chef, die Eltern oder sonst jemand.

Diese Ebene musst du erreichen, um dauerhaft in Glück und innerer Zufriedenheit das Leben zu "leben" - so wie du es willst.

Ich spüre es ab und zu, wenn ich von meiner getrennt lebenden Frau so einen "Stich" bekomme, z. B. sagte sie vor einigen Wochen: "Die Kleine ist dir doch egal!".

Stelle dir mal diese Aussage vor, was das bedeutet? Es ist eigentlich ungeheuerlich - mir gegenüber! Normalerweise wäre ich noch vor fünf Jahren entweder tief verletzt gewesen oder ich wäre ausgerastet und es hätte Streit gegeben.

Nur was bringt eine Verletzung? Was bringt Streit? Heute bin ich soweit gefestigt, dass ich weiß, wie sehr ich die Kleine liebe und mich nicht verunsichern lasse. Niemand hat Macht über mich!

Ich weiß es, die Kleine weiß es. Das zählt, und sonst gar nichts. Was meine Frau denkt, ist mir vollkommen egal.
Ich verzeihe ihr diese Aussage. Sie hat sogar Recht aus ihrer momentanen Situation. Ich allerdings lasse mich nicht von "außen" manipulieren.

Das ist das Ergebnis aus einer längeren Zeit der Übung und des Lernens, die Gedanken in die von mir gewünschte Richtung zu bringen (Gedankentraining). Warum soll ich durch Reden oder Handeln anderen Menschen Macht auf mich ausüben lassen? Ich übe Macht auf mich aus.
Sonst hat niemand das Recht, über mich zu urteilen. Ich habe auch nicht das Recht, über andere zu urteilen.
Diese Einstellung spart Widerstand und negative Energie.
Ich brauche positive Energie, die mich vorwärts bringt.

Tipp: Schau, wo du stehst, wohin du willst, und handle danach - ohne einen "anderen" zu benachteiligen.

Tipp: Befreie dich am Abend von allem "Müll" im Kopf, konzentriere dich auf das Wesentliche, so hast du einen klaren Blick für deine Ziele.

105

Tipp: Verzeihe Menschen und vergib Menschen (Das Höchste ist: bedingungslos zu verzeihen!).

Dies gibt dir im gleichen Augenblick ein gutes Gefühl. Wenn du beginnst, dich aus der bisherigen, festgefahrenen Schiene zu befreien, wirst du täglich Veränderungen feststellen, private und berufliche.

Dies heißt aber nicht, dass du nur lieb und nett sein sollst, sondern du musst dich gleichzeitig für dein Ziel mit aller Kraft einsetzen, dazu stehen und auch dein Umfeld fordern, dein Recht fordern, das zu erhalten, was dir zusteht, was du verdient hast. Ehrlich und gerecht . Nicht mehr, aber auch nicht weniger.

"Verkaufe" dich nicht unter deinem Wert.
Daraus folgt: Du musst wissen, was du "wert" bist. Du hast ja einen ganz bestimmten Stellenwert in der Gesellschaft, der sich dann auch in "barer Münze" auszahlen soll.
Der "Wert" setzt sich zusammen aus:

- dem Stand deiner Ausbildung,
- dem Stand deines Wissens,
- deiner Fähigkeit, zu verhandeln,
- deinen bisherigen Erfolgen,
- deinen Verbindungen,
- deiner Fähigkeit, zu überzeugen und zu begeistern,
- deiner Fähigkeit, zu analysieren,
- deiner Fähigkeit, zu handeln,
- deiner Fähigkeit, Mut zu zeigen,
- deiner Fähigkeit, Entscheidungen zu treffen,
- vor allem, den Stand deines Selbstwertgefühls jederzeit zu kennen.

Dies gibt im Laufe der Zeit die Erfahrung, sicher aufzutreten.

Weiterhin verwandelt sich dein Umfeld, wenn du dich veränderst. Du lernst andere Menschen kennen, die dich anziehen und die auf deiner Wellenlänge sind. Das macht Spaß.
Du wirst wieder flexibler, offener und vor allem neugieriger.

Dies gibt dir neue Inspiration, neue Ideen, neuen Schub vorwärts.
Nach einiger Zeit wirst du "süchtig" nach Neuem.
Dies ist ja auch gewünscht, denn nur so kommst du deinem persönlichen Ziel näher, wenn du alte Dinge einfach fallen lässt, um Neue zu greifen.

Eine weitere Begegnung war das Kennenlernen eines Mannes, der mich im Jahre 2002 eine zeitlang betreute. Dieser Mann hatte die Fähigkeit, Probleme oder Altlasten in mir mit einer Frage zu beseitigen. Er hatte weiter die Fähigkeit, Dinge vorherzusagen. Er hat viele Jahre im Ausland große Projektfinanzierungen gemacht und kennt natürlich auch viele Menschen. Er ist mit seinen über 75 Jahren mit einer Ruhe und Weisheit ausgestattet, die ihm zu diesen Fähigkeiten verhilft. Er hat damals einen großen Eindruck auf mich gemacht.

Zuerst haben wir so eine Art Bestandsaufnahme über mein Leben, meine Probleme und Interessen gemacht. Wie war meine Kindheit und Jugend? Wie ist meine Ehe? Wie ist mein Geschäft?
Eine Aufgabe war, mit 10 Prozent weniger Arbeitszeit den Umsatz um 30 Prozent zu steigern.
Er gab mir Ratschläge wie:
> *- andere Zeitplanung,*
> *- konzentriertes Arbeiten,*
> *- Prioritäten,*
> *- Zeit für mich (mind. 1 Stunde pro Tag für mich).*

Wichtig war, dass ich die Tipps eins zu eins umsetzte, ohne darüber nachzudenken, ob es geht oder nicht. Ergebnis: Nach 3 Monaten war das gewünschte Ziel erreicht.
Ich war verblüfft, wie einfach das ging. Mir ging es gut und ich war in keiner Weise unter Druck.

Fazit: Wenn du jemandem 100-prozentig vertraust, dann setzt du dessen Anregungen direkt eins zu eins um. So hast du den größtmöglichen Effekt.

Ich wurde von ihm in einigen Situationen gecoacht. Auch privat haben wir uns einige Male getroffen. Jedes Mal war in seiner Gegenwart einfach eine ganz besondere, angenehme Atmosphäre zu spüren. Es war begeisternd.
Auf diese Weise verlor ich auch in einem Gespräch die negativen Erinnerungen an meinen Vater. Was ich jahrelang mitgeschleppt hatte, war in 10 Minuten weg - toll.
Ich hatte durch diese Einstellung in fünf Jahren mehr Veränderungen herbeigeführt und gelernt, als vorher in 25 Jahren.

Auf diese Weise entwickle ich mich und "wachse" auch viel schneller.

Schnelleres berufliches Wachstum, finanzielles Wachstum, privates Wachstum und Reife mit deutlich weniger Reibung und Widerstand, also weniger Energieverlust. Alles geht deutlich leichter. Ist das nicht wert, dafür was zu tun? Ich denke schon.

Bestimmt "bekömmlicher" als zu streiten und sich in ewigen Machtkämpfen aufzureiben und nichts zu erreichen außer Hass, Zorn, Neid, Kummer, Einsamkeit, Krankheit.

Entscheide dich für deinen Weg - jetzt sofort, sonst

wird es nie was.

PS. Teile mir, wenn du möchtest, deine Erfahrungen mit. Ich freue mich darauf.

Heute schreibe ich an diesem Werk. Mache gerade jetzt eine gedankliche Pause. Ich spüre die Sehnsucht nach meiner Tochter; schicke ihr gedanklich Wärme und Liebe. Ich denke an unser letztes gemeinsames Wochenende.

Es ist unbeschreiblich schön, zu erleben, wie locker, gelöst und glücklich, frei und unbefangen sie lacht, träumt, einfach ein Vorbild für mich, ich denke für alle Eltern.
Wir ergänzen uns im "Blödsinnmachen" sehr gut, wir albern rum, wir lassen uns fallen (besonders ich). Das ist wunderbar.
Wir waren am letzten Wochenende schwimmen. Sie ist so stolz, wie sie schwimmen und tauchen kann, reinspringen ohne Angst, selbstsicher und so, als wolle sie ausdrücken, die ganze Welt gehört mir!

Das macht natürlich auch mich stolz und diese Augenblicke sind das Schönste, was ich mir für unser Kind vorstellen kann (und für mich). Es ist ein Geschenk für uns als "erwachsene" Kinder. Wir müssen alle viel sensibler werden für die ausgesandten Signale unserer Kinder.
Wir haben die Verantwortung, unsere Kinder so zu erziehen, dass sie später in Liebe mit ihren Mitmenschen leben, ohne Aggressionen und Gewalt. Dann werden wir belohnt mit einer besseren Lebensqualität in der ganzen Welt.

Unsere Kinder sind unsere Zukunft.
Verlassen wir uns nicht auf Schule, Lehre, Staat. Der heutige Kriminalitätsstand zeigt, dass diese Institutionen versagt haben. Auch wir dürfen - gerade

deshalb - uns nicht zurücklehnen, sondern müssen uns täglich unserer Verantwortung bewusst sein.

Diese Gedanken machen mich zuversichtlich für jetzt und für die Zukunft. Ich möchte mit diesem Buch meinen Anteil dazu beitragen. Es wäre das schönste Geschenk für mich, wenn ich viele positive Feedbacks erhalten würde! Also, starte los mit deinem neuen Leben!

Ich treffe in meinem Beruf jeden Tag viele Menschen. Ich höre Geschichten aus dem Leben, bin hautnah dabei. Manchmal bin ich erschüttert, wie Menschen ihr Schicksal hinnehmen. In Passivität und innerlich schon resigniert - den Zustand hinnehmend - eingesperrt in ihr "geistiges" Gefängnis.

Sie finden den Schlüssel nicht, um daraus zu fliehen. Hilferufe, die ich wahrnehme und die mich bewegen. Diese Menschen, die ich kennen lerne, schenken mir Vertrauen und ich habe die Verpflichtung zu helfen.

Manche sind so deprimiert, dass sie davon sprechen, sich umzubringen, werden entlassen, werden geschieden, sind krank und wissen nicht, wie sie damit fertig werden sollen.
Sie tragen eine tonnenschwere Last mit sich. Neid, Hass, Missgunst entstehen auf alles und jeden, auch auf sich selbst. Eine Spirale, die nur mit äußerstem Kraftaufwand zu verlassen ist. Nur ganz wenige haben die Kraft, plötzlich eine radikale Kehrtwendung zu machen - alleine. Die Mehrzahl bleibt in ihren Gefängnis und wartet auf die Rente und den Tod, die Erlösung aus diesem Leben.

Hier will ich ansetzen. Es muss ja gar nicht so weit kommen.
Wenn wir unsere Kinder erziehen, von Anfang an "anders" zu denken, werden sie bei späteren

ähnlichen Situationen die Kraft haben, selbst die notwendigen Entscheidungen zu treffen.
Allein durch das Zuhören und das Verständnis werden die Menschen erleichtert. Das kann jeder.

Gehe bewusst und mit offenen Augen und Ohren durchs Leben. Es kommt tausendmal auf dich zurück.
Sei ein Bote der Liebe. Du wirst belohnt, ob du willst oder nicht.

Ich habe mir vor kurzem das " Neue Testament" gekauft und lese fast jeden Tag ein paar Zeilen. Vieles deckt sich mit meinen Erfahrungen. Ich lese kritisch und stelle es auch immer wieder in Frage. Trotzdem stelle ich fest, dass viele Dinge praktisch sind und auf die Menschen heute genauso wie vor 2000 Jahren zutreffen.

Seit der Erscheinung des Engels, ich berichtete bereits darüber, hat sich in mir ein neues "Ich" entwickelt. Ich spreche täglich einige Worte zu "meinem Engel". Nenne es Gebet, wenn du willst. Ich bin immer in Kontakt zu ihm. Manchmal spüre ich direkt seine Nähe, ich weiß aber, auch wenn ich ihn nicht "spüre", ist er da. Er beschützt mich, er gibt mir Zeichen für Entscheidungen. Er gibt mir neue Kraft. Ich bedanke mich dafür und habe tiefes Vertrauen zu ihm. So bin ich viel ruhiger und gelassener, aber auch wieder klarer auf meinem Weg und voller Zuversicht über mein Gelingen. Es gibt keinen Zweifel. Das allein ist der Weg, um ewig sicher und zufrieden zu sein.

Ich konzentriere mich auf mich.
Damit bin ich handlungsfähig und kann anderen besser helfen.

Suche regelmäßig Kontakt zu deinem "Inneren", zu deinem Unterbewusstsein. Sprich mit ihm. Kommuniziere produktiv mit ihm und nimm seine

Signale sensibel auf.

Arbeite nicht **gegen**, sondern **mit** deinem Unterbewusstsein. Unterdrücke es nicht, sondern sieh es als gleichwertigen Partner und deinen besten Freund. Dann wird es mir dir jede Situation meistern. Dein Unterbewusstsein ist dein wichtigster Partner in deinem Leben. Vergiss das nie!

Einen weiteren lieben Menschen, den ich kennen lernen durfte, war der Lebensgefährte meiner Schwägerin von 1998 bis 2002. Er wirkte sehr souverän, ruhig, erfahren im Geschäft (gleiche Firma wie ich) und ist auch heute noch eine guter Freund, obwohl wir im Moment wenig Kontakt haben. Er hat in seiner Beziehung mit seiner damaligen Freundin einige einschneidende Erlebnisse gehabt. Er ist der Ruhige und meist Besonnene, sie die Emotionale, Spontane, Anspruchsvolle. Sie ist auch eine sehr "starke" Frau, sehr selbstbewusst! Zwei doch sehr verschiedene Charaktere. Für Kurzweil war gesorgt.

Bevor ich noch weiter auf diese Beziehung eingehe, die ja auch auf mich gewisse Einwirkungen hatte, möchte ich noch auf ein Seminar zu sprechen kommen, welches seine Freundin und ich gemeinsam besuchten. Dort ging es unter anderem um Selbstfindung.

Einer der besten Seminarleiter Deutschlands führte dieses Seminar. Bei meiner Schwägerin kamen zwei Faktoren ganz deutlich als "stärkste" zur Geltung: Macht und Geld.

Dies ist mir heute klar und auch nachvollziehbar für die daraus entstehenden Schwierigkeiten und Probleme für ihre Beziehung und für sie selbst.

Das bedeutete: Karriere stand absolut im Vordergrund, Privates im Hintergrund.

Natürlich setzt sich eine solche Prägung und Orientierung auch im privaten Bereich fort; ein oft wiederkehrender Machtkampf in der Gemeinschaft war die Folge. Ihr damaliger Lebensgefährte war privat ähnlich geprägt wie ich. Er war zu nachgiebig und nicht genug fordernd. Das Ergebnis war, dass sie ständig im Mittelpunkt stehen musste: vorne, hinten, überall. So verlor er langsam seine Position in der Lebensgemeinschaft.

Eine Gemeinschaft und eine Liebe können so nicht funktionieren. Liebe ist geben und nehmen in gleichem Maße.
Eine Partnerschaft muss von beiden kompromissbereit und kooperativ geführt werden.

Es ist nicht meine Aufgabe, zu urteilen. Urteilen schafft lediglich Konflikte.
Ich übertrage nur einige Geschehnisse auf mich.
Auch diese Beziehung ist gescheitert.
Ich vergleiche auch nicht. Vergleichen heißt:
Maßstäbe anlegen und am Ende auch urteilen.
Ich stelle nur fest und resümiere für mich.

Wenn keine bedingungslose Liebe da ist, ohne Wenn und Aber, ist keine Beziehung möglich, eher eine Zweckgemeinschaft.

Ich bin sicher, dass es die lebenslange Liebe, füreinander das Leben zu geben, in den seltensten Beziehungen gibt. Wenn es wirklich hart kommt, denken die meisten nur an sich zuerst.

Wie rette ich mich - ohne Rücksicht?
Wer würde sein Organ, z. B. eine Niere, spenden, um dem anderen das Leben zu retten, wenn er sein eigenes Leben vielleicht verliert? Viele klammern am Leben. Ich habe inzwischen einen Organspendeausweis.
Wer würde in Armut leben mit dem Partner?
Wer würde einen Pflegebedürftigen ein Leben lang

betreuen?

Liebe heißt: es wird nichts gegeneinander aufgerechnet.

Bei mir wurden die Schulden, die wir gemeinsam gemacht haben, vorgerechnet. Ich sei schuld. Ich bin schuld - ja, zur Hälfte? Täuschung! Ich bin schuld .Ich habe es zugelassen! Aus!

Meine Frau hat als selbständig denkender Mensch jede Handlung und Entscheidung mitgetragen - bis zum Stand unserer Trennung.
Also gehören die anderen 50 Prozent ihr, ist die normale Denkensweise.
Wieder wird geteilt und aufgerechnet, Teilung ist Konflikt.
Ich mache ihr niemals Vorwürfe über ihr Verhalten.

Ich verstehe sie! Ich bin schuld, ich hätte es rechtzeitig ändern müssen!
Deshalb habe ich kein schlechtes Gewissen. Dies ist eine Urteilung meiner Frau über mich. Ich urteile nicht über sie und mich. Ich verändere, um es besser zu machen! Ich bin sicher, dies gelingt mir!

Ich berichtete vorher über das Seminar zur Selbstfindung.
Meine Schwägerin hatte die Hauptkomponenten: Macht und Geld. Nun sind beide Begriffe nichts grundsätzlich "Negatives".
Wenn ich Macht richtig interpretiere, kann ich durch meine eigene Macht Menschen helfen. Das Gleiche gilt für Geld.
Allerdings kann natürlich Macht und Geld auch missbraucht werden, um anderen zu schaden bzw. sie auszunützen.
Machtstreben kann auch zur eigenen Schädigung führen. Im Falle meiner Schwägerin war dies der Fall.

Über 15 Jahre war sie im Versicherungs- und Finanzgeschäft tätig. Sie hatte schon mit 25 eine hohe, gut dotierte Position erreicht und war mit 30 auf dem Karrierezenit. Sie hat über Jahre Privates zurückgestellt, auf vieles verzichtet und war 60-70 Stunden pro Woche im "Einsatz". Obwohl ihr Körper ihr in den letzten Jahren immer wieder Signale und Hinweise gab, auf ihre Gesundheit zu achten, nahm sie diese nicht ernst genug. Sie reagierte mal da mit einem Mittelchen und dort mit einer kleinen Maßnahme. einem Gespräch oder einer Therapie. Dann war sie wieder mit gleichem Tempo wie vorher aktiv. Dann kam 2003 der Zusammenbruch. Pfeiffer`sches Drüsenfieber, zuerst nicht erkannt, dazu ein Virus und aus der überaus sympathischen, agilen, geschäftsmäßigen, liebenswerten Powerfrau wurde ein bedauernswerter Mensch, völlig fertig und am Ende ihrer Kräfte, hilflos und auf fremde Hilfe angewiesen. Es war ein Stich ins Herz für uns alle, zu sehen, wie sie radikal aus der Bahn geworfen wurde.

Das Ergebnis jahrelanger Ignoranz in Bezug auf die Gesundheit. Ihr Machtstreben hatte sich bitter gerächt. Der Vollständigkeit halber und um ehrlich zu sein, führten auch noch Erlebnisse aus der Kindheit, die nicht verarbeitet waren, zu dieser Situation.

Es ist im ungünstigsten Falle möglich, dass sie in ihrem jungen Alter erwerbsunfähig bleibt. Ich wünsche ihr alles Gute und ein Leben in bester Gesundheit für die Zukunft. Danke für alles, was wir gemeinsam erreicht haben, danke für die tolle Zeit, danke für alles, was ich von dir lernen durfte. Ich weiß, du schaffst alles!

Was ist also Karriere, Macht, Geld wert **ohne** Gesundheit?
Leitgedanke für dieses Wochenende für mich ist:

Arbeit und Entspannung in ausgeglichenem Maße zu halten!

Ein weiteres, nicht zu unterschätzendes Thema in jeder Beziehung ist der Sex. Er sollte nicht unterschätzt, aber auch nicht überschätzt werden. Sex ist, was jeder weiß, etwas vollkommen Normales. Hier hatte ich Nachholbedarf. Meine damalige Frau hatte deutlich mehr Erfahrung. Also musste ich hier lernen.
In den ersten 2-3 Monaten war natürlich alles neu. Wir tobten uns aus. Es war super. Langsam ließ dann die erste Begeisterung nach. Nach einem Jahr war dann die "Aktivität" schon sehr zurückgegangen.
Im letzten Jahr unserer Beziehung beschränkte sich Sex auf 1-2 mal pro Vierteljahr. Zeitmangel, Müdigkeit und von mir eine gewisse Scheu, anzufangen, waren die Ursache.
Manchmal wollte meine Frau und ich nicht, und dann umgekehrt. Auch viel zuwenig Kommunikation über alle Dinge und über Sex sowie zu wenig Ausprobieren von Neuem, waren mit ein Punkt für unser Scheitern.

Auch im Sex müssen wir alle immer wieder neuen "Schwung" reinbringen. Noch wichtiger ist die Zärtlichkeit. Nun, ich bin kein Sexualtherapeut. Trotzdem weiß ich heute, dass Zärtlichkeit, Verständnis, Anerkennung die Grundlage sind, für eine gute, innige, dauerhafte Beziehung.
Aber auch hier gilt Ausgeglichenheit und gegenseitiges Geben und Nehmen.

Leitsatz heute: arbeiten und in mich gehen.
Leitsatz nächste Woche : fordern mit Nachdruck aber mit Ruhe, Gelassenheit und Klugheit.

Meine Entscheidung ist jetzt: ich werde täglich einige Dinge niederschreiben, eine Art Tagebuch.

Tipp: Tu das auch. Es hilft, Dinge besser zu verarbeiten und sich aufs Wesentliche zu konzentrieren, sowie Klarheit der Gedanken zu bekommen.

Heute Vormittag war ich im wunderschönen, herbstlich gefärbten Wald joggen. Die Luft ist feucht. Die Blätter fallen überall. Der Himmel ist grau. Kein Auto, kein Lärm - einfach traumhaft.

Dann habe ich geschrieben.

Nachmittags war ich spazieren. Eine gute Tasse Kaffee und ein Stück Kuchen, ich genieße diese kleinen Annehmlichkeiten.

Das Fehlen meiner Tochter bohrt in mir. Ich bin traurig und vermisse sie sehr. Ich weiß aber, dass es ihr bei meiner Frau sehr gut geht. Das beruhigt mich.

Nun kann ich mich wieder konzentrieren.

Wichtig: Lass solche Gefühle zu, deine Seele wird es dir danken. Es befreit.

Ich denke schon seit einigen Tagen, mein Leben noch mal, nach Erreichen meiner zwei Hauptziele - Buchveröffentlichung und Hotelrealisierung - radikal zu ändern.

Wenn die notwendigen Mittel zur Verfügung stehen, kann ich mir vorstellen, in einem Entwicklungsland meinen Beitrag zur Verbesserung der Lebensqualität armer Menschen zu leisten, z. B. Betreuung von Waisenkindern.

Ich lasse diese neue Vision mal in Ruhe in mir reifen.

Halte mich für verrückt - mir ist es egal.

Vielleicht studiere ich auch noch Medizin? Das war als Kind einer meiner Träume: Chirurg zu werden.

Du siehst, ich bin bis zu meinem 100sten Geburtstag

"ausgebucht".
Ich habe so viel vor mir. Ich möchte für die Verbesserung der Lebenssituationen der Menschen, die es möchten, einen kleinen Meilenstein setzen.
Die alles sind sehr schöne und angenehme Bilder und Möglichkeiten. Sie geben mir die notwendige Energie, den Kopf nicht hängen zu lassen.

Das Leben ist ein ständiges Auf und Ab. Das ist auch gut so.
Nach diesen positiven Aussichten und der Erscheinung des Engels vor einigen Jahren, muss ich jetzt auf die andere Seite des Lebens zurückkommen: den Tod. Auch er gehört zum Leben.

Als 1993 meine erste Frau schwer erkrankte und sie eine Woche vor ihrem viel zu frühen "Weggehen" im Bett lag und schlief, meine Schwägerin und ich konnten nicht schlafen, deshalb saßen wir nebenan im Wohnzimmer im Dunkeln. Es war ca. 1.00 Uhr , erschien vor dem Fenster draußen der Tod.
Das Gesicht (ein Totengesicht) war direkt vor dem Fenster. Es war ein Schock. Das erste Mal, dass ich "Ihn" sah.
Klar und deutlich, unverkennbar. Eine Erscheinung - und ich wusste, für meine Frau war dies die entgültige Entscheidung.
Ich war mir sicher und spürte keinerlei Zweifel. Unheimlich sicher! Heute noch geht mir vom Kopf bis zum Rücken eine Gänsehaut durch und durch. Sechs Tage später ist sie dann von mir gegangen. Die letzten zwei Tage hatte sie im Krankenhaus starkes Morphium bekommen, um die Schmerzen zu ertragen.
Sie war nicht mehr ansprechbar. Das letzte, was ich ihr ins Ohr flüstern konnte, war, "Tschüss, mach's gut". Ich weiß, sie hat es gehört.
Danke für die schönen Jahre, wir sehen uns wieder.

Das krasse Gegenteil, das Leben in purer Form, ist meine Tochter. Sie ist die strahlende Lebensfreude, schön, dass wir dieses "Geschenk" haben. Es ist jeden Tag wert, vorwärts zu gehen und neue Dinge anzugehen.

Verantwortung im Team

Ich gehe noch mal zu einem wichtigen Thema zurück: Teamgeist, Teamfähigkeit, Verantwortung im Team.

Ich war seit meinem 10. Lebensjahr bis zum Jahr 1980 immer in Vereinen: Turnverein, Schwimmverein, Kraftsportverein, Handballverein, Tanzkurs.
Hier gebe ich meinen Eltern ein großes Lob, dass sie mich schon früh in einem Verein angemeldet haben. Es ist äußerst wichtig und hat mich auch sehr geprägt. Ich habe gelernt, da zu sein, verlässlich und zuverlässig zu sein.

Unterordnung und Regeln lernen, mitspielen und sich Gleichgesinnten gegenüber fair und ehrlich verhalten, gemeinsam Spaß haben und lernen zu kommunizieren, in der Gemeinschaft reifen, das sind die tragenden Elemente, besonders für später im Berufsleben. Ich war stolz, mich auf der Bühne bei Turnveranstaltungen vor Eltern und Bekannten zu zeigen und zu präsentieren. Auch mit dem Lampenfieber lernte ich umzugehen.

Beim Schwimmen waren Training, Wettkämpfe, Spannung, Spaß. Mir war öfter schlecht vor Wettkämpfen, dann aber bei direktem Start war alles wie "weggeblasen". Hinterher war es natürlich unbeschreiblich schön, gewonnen zu haben. Dieses Gefühl war auch später wichtig einzuschätzen, als ich berufliche Erfolge feiern konnte.

Du schlägst ja auch zwei Fliegen mit einer Klappe.

Wenn du deine Kinder in einen Verein bringst, sind sie weg von der Straße und du weißt, wo sie sind. Es gibt selbstverständlich keine Garantie für eine "sichere" Zukunft, trotzdem verringerst du die Gefahr des "Entgleisens" erheblich.

Für mich gab es bis zum 16. Lebensjahr kein Fernsehgerät zu Hause, keinen Computer, kein Handy, keinen Gameboy, kein Internet. Nicht nur, weil es Internet und Handy noch nicht gab, ich bin absolut sicher, wenn es Handys gegeben hätte, hätte ich von meinem Vater mit 100-prozentiger Sicherheit keines bekommen.

Das ist auch wirklich gut so. Falsche Computerbenutzung im Übermaß führen zu Verdummung und Vereinsamung!

Ich habe es nicht vermisst und vermisse es bis heute nicht. Natürlich ist es heute unabdingbar, erreichbar zu sein, beruflich und privat. Globale Kommunikation ist wichtig. Nur, setze sie im richtigen Maße ein. Es gilt, wie immer, ein gesundes Mittelmaß.
Dafür bist du verantwortlich. Ich hatte auch Zeit, mit meinen Freunden zu spielen, zu trainieren, auszugehen, zu tanzen, für Urlaub.

Dies sind bleibende Werte und Eindrücke, die ich in mir habe, nie vergessen werde. So habe ich auch die Loyalität gegenüber anderen zu schätzen gelernt. Grundwerte, die ich heute in der Gesellschaft leider oft vermisse. Aus diesem Mangel heraus entstehen Missverständnisse und das Hintergehen des Mitmenschen zu seinem eigenen Vorteil. Das heißt nicht, dass ich mich ausnützen lasse. Ich suche meinen Vorteil, aber nie zum Nachteil eines anderen. Nur das ist auf Dauer beständig.

Später war ich dann in weiteren Sportarten aktiv: Bodybuilding, Ringen, Gewichtheben, Karate.
Vor allem Karate hat mich sehr beeindruckt. Hier waren zum Beginn des Kurses mit mir ca. 80 Gleichgesinnte gemeldet. Nach sechs Wochen waren

noch zehn übrig. Die anderen hatten aufgegeben.
Mir war manchmal während des Trainings übel und
ich musste mich übergeben, obwohl ich damals schon
ziemlich durchtrainiert war. Trotzdem gab ich nie auf.
Ich lernte, wo meine physischen Grenzen sind und bis
ans Limit zu gehen.

Für mich ein absolutes Schlüsselerlebnis! Wie willst
du 100 Prozent leisten, wenn du nicht weißt, was 100
Prozent sind?

Ich lernte auch das Durchhalten. Ich bekam nichts
geschenkt. Ich möchte auch nichts geschenkt.
Mein erstes Auto habe ich mir selbst gekauft.
Unsere erste Wohnung haben wir selbst eingerichtet
und finanziert.
Unser erstes Haus habe ich selbst finanziert.
Bis heute habe ich unseren, meinen Lebensunterhalt
selbst bezahlt. Auch mit den finanziellen Abstürzen.

Trotzdem möchte ich nichts davon verdrängen oder
unterdrücken. Nur so bin ich heute der Mensch mit
den Erfahrungen und der Lebenserfahrung gesamt,
der ich bin.

Ich bin ich!
Ich stehe zu mir - ohne Wenn und Aber.
So bin ich frei für "Neues". Anders wäre dies nicht
möglich.
Ich sage heute auch Nein, wenn ich es für richtig
halte.
Ich lehne ab, wenn ich es mit mir nicht vereinbaren
kann.
Ich tue, was mich weiter bringt, ohne unnötige
Zugeständnisse. Das klingt hart, aber es muss so
sein.
Halbherzigkeit ist verschenkte Energie.

Durch diesen Karatesport weiß ich jetzt genau, wie

weit kann ich gehen, ohne meiner Gesundheit zu schaden.

Du denkst noch daran: Ohne Gesundheit ist alles nichts!

Was kann ich mir zumuten? Wo muss ich stoppen? So halte ich das Gleichgewicht zwischen Anspannung und Entspannung.

Ergebnis: Mir geht es so gut wie noch nie.

Ich treffe Entscheidungen, oft nur vermeintlich "kleine", aber auch diese "kleinen Entscheidungen" sind immer ein kleiner Schritt in meine Richtung, zu meinen Zielen. Dies hätte ich schon vor 20 Jahren tun müssen. Wahrscheinlich bin ich jetzt erst reif dafür.

Ich hatte schon erwähnt, dass ich meinen Vater viele Jahre nicht verstanden habe, ich konnte auch nicht richtig trauern. Zu viel Negatives war für mich in Erinnerung. Die guten "Seiten" waren in den Hintergrund getreten, waren verschüttet.

Auch hier brauchte ich die bisherigen Erfahrungen und Geschehnisse, um zu realisieren, dass viel Positives mich geprägt hat.

In den Ferien musste ich jeden Tag für meinen Vater Aufgaben erledigen. Rechnen, Aufsätze schreiben und Ähnliches. Natürlich war das für mich eine Einschränkung der Freizeit, gerade in den Ferien. Ich wollte ja auch mit meinen Freunden auf "Achse" gehen.

Im Nachhinein habe ich allerdings sehr viel gelernt. Heute kann ich dies nutzen. Ich bin der deutschen Sprache mächtig in Rechtschreibung, Grammatik und Inhalt. Das ist wichtig im Geschäft und auch privat, um sich ausdrücken zu können, als verblödet im Internet rumzusurfen und sich seine eigene Scheinwelt aufzubauen.

Nach außen werden solche Menschen scheu, gehemmt, unrealistisch, vor allem nicht mehr fähig, mit einem Partner zu leben. Es herrscht die Einstellung „Nur noch ich!".

Sieh dir die heutige Gesellschaft an, wie viele sitzen vereinsamt zu Hause und wissen nichts mehr mit sich anzufangen? Da sind auch der soziale Abstieg und die zwischenmenschliche Verrohung einer Gesellschaft die zwingende Folge.
Dies kann nicht das Ziel einer "gesunden" Gemeinschaft in einer Partnerschaft, einem Staat, sein.

Also, geh raus. Geh auf Menschen zu. Sprich Fremde an, öffne dich für alle Menschen, sieh in jedem Menschen erst mal das Positive. Gib jedem Menschen die Chance, sich dir zu "zeigen", wie er wirklich ist.

Sei selbst ein Engel der Liebe und Güte.
Viele setzen zum Selbstschutz eine Art "Maske" auf, aus Furcht vor "Entblößung" ihres Inneren. Aus schlechten Erfahrungen heraus haben sie gelernt, dass sie unverletzlicher sind, wenn sie nichts preisgeben. Aus der Sicht dieses Mitbürgers ist es erst mal in Ordnung. Er hat kein Vertrauen mehr in andere. Aber du selbst musst ihm die Möglichkeit geben, zu dir Vertrauen gewinnen zu können.

Also wieder liegt es bei dir selbst, wie der andere reagiert. Wenn du es willst, hast du die größeren Möglichkeiten, die Situation aus der "Eiszeit" zu befreien. Ich weiß, es ist es wert, dieses Engagement einzusetzen, denn das positive Feedback ist die Belohnung deines Einsatzes.

Rette Menschen vor dem inneren Untergang.

Es sind unsere Mitbürger. Wir übernehmen Verantwortung. Das ist unsere verdammte Pflicht, wenn wir uns als zivilisierte Christen bezeichnen wollen.

Als wir in meiner Kindheit in einem alten Haus wohnten, Klo im Freien, kalt, einfach, keine Waschmaschine, kein Geschirrspüler, hatten wir nicht das Gefühl, dass uns irgendwas fehlte. Mein Vater war in Russland im 2. Weltkrieg, mein Schwiegervater ebenfalls. Ich denke, dazu braucht es keine weiteren Erläuterungen.

Ich habe ganz bewusst den Fall der Mauer am 9.11.1989 miterlebt. Da war ich 39 Jahre jung. Ich habe mich immer, auch zeitweise aktiv, für Politik, genauer: für die heutige Geschichte, interessiert. Ich hätte mir nie vorstellen können, dass ich erlebe, dass die Mauer fällt und daraus der Zusammenbruch des Ostblocks folgt. Der "eiserne Vorhang" ist verschwunden. Ich habe nicht die Absicht, zu politisieren. Das ist nicht das Ziel meines jetzigen Vorhabens. Aber aus aktuellem Anlass, 21 Jahre nach Wegfall der Mauer, muss ich was loswerden: In meiner Familie war die Erfahrung mit Krieg vorhanden und präsent.

Als ich vor zwei Jahren im Fernsehen hörte, dass eine Frau sagte:" Es ist wunderschön, was da nachts passierte, Menschen tanzten, sangen, Fremde fielen sich in die Arme, ein riesiges Freudenfest, aber nach ein paar Tagen war alles vorbei, ich verlor meinen Arbeitsplatz, dann meine Wohnung."

Das ist für mich unvorstellbar. Sofort wird in Frage gestellt.

125

Das Wegfallen der Mauer war schuld, dass ich meinen Arbeitsplatz verlor, meine Wohnung. Ich war nicht schuld, andere, das "Schicksal", nur nicht ich.

Welches schizophrene Denken herrscht da in einem Kopf?
Welche Abhängigkeit und Hilflosigkeit zeigt sich hier!
Welche abnormen Krebsgeschwüre gewinnen Oberhand über Menschen!
Welche Macht beherrscht diese Frau, sich so hinzugeben, es bleibt das Jammern!

Anstatt, dass wir täglich danken für Freiheit, Freiheit, Freiheit, bemitleiden wir uns lieber, jammern in der Gruppe, im Betrieb, wie schlecht es uns geht, arbeitslos, steigende Preise, alles Scheiße, wie soll das weitergehen?
Hoffnungslos lassen wir uns treiben, bis wir durch den Tod von diesem Elend befreit werden. Der Staat - wir sind der Staat - bringt nichts zuwege. Auch hier warten viele, es ist die überwältigende Mehrheit, dass Arbeitsplätze vom Staat produziert werden.

Wie soll das gehen? Bei diesem kleinkarierten Denken?
Bei dieser Verfilzung? Unmöglich!

Werden wir uns bewusst, endlich, was wir haben und was wir können: Gehen wir in die Offensive. Denken wir um. Reißen wir uns zusammen. Gehen wir mit dem Anderen fair um. Geben wir uns die große Chance, selber mit eigener Kraft, jeder von uns, begeistert in die Zukunft aufzubrechen.

Dann brauchen wir nur noch 20 Prozent der gesetzlichen "Fesseln" und wir erreichen unser Ziel. Wir haben es verdient.
Vertrauen wir wieder auf uns.

Was hatte mein Vater 1945 nach dem Krieg?
Was hatte meine Mutter nach dem Krieg?
Was hatten all diese Menschen nach dem Krieg?

Nichts. Außer sich selbst.
Mit Null begonnen - Null - und alles aufgebaut.
Respekt und Danke dafür.

Und was tun viele heute? Jammern, Jammern,
Jammern!
Auto, Urlaub, Kneipe, Wohnung, Essen, Kleidung,
Fernseher, Computer, Handy, Kino, Theater, Events
noch und noch - und jammern!°

Wie weit wollen wir noch absteigen und auf ein
Wunder hoffen?

Ein Wunder kommt nicht alleine.
Ein Wunder kommt nur, wenn wir es selbst
vollbringen.
Glauben wir daran und tun was für "unser" Wunder.
Wir haben die Kraft dazu.
Setzen wir diese Kraft frei und das Wunder wird
geschehen.

Ich habe ein Wunder erlebt.
Und ich sehe täglich neue Wunder, ich sehe hin und
nehme sie wahr.
Leitfaden heute: Fleiß und Engagement für das, was
ich jetzt tue.
Klar und deutlich zum Ausdruck bringen, was ich will
oder nicht will.

Heute habe ich viele Dinge im Kopf.

Ich finde keinen Anfang.
Also: praktisch Entsorgung!

- Auto: Termin Werksatt steht.
- Computer: Termin am Montag steht.
- Spendensammelkonto eröffnen: Dienstag Bank
- Besuch Mutti und Bruder mit Familie: Termin steht.
- Verkauf Auto ausgemacht - warten
- Sport: heute nicht, weniger ist mehr, ich gebe meinem Körper heute Ruhe und Wärme
- Einnahmen erhöhen - dranbleiben an eine Stunde länger und größere Tour (ich hatte kurz darauf drei Stunden länger und eine zweite Tour).
- Unterhalt: ab 1.1.05 381Euro.
- Samstag: ausgehen, tanzen, joggen und schreiben.

Das hilft sofort: Kopf ist frei.

Inzwischen bin ich soweit, dass ich regelmäßig (mindestens einmal im Monat) eine "Bestandsaufnahme" mache, d. h. ich vergleiche den Stand meiner Planung mit dem tatsächlichen Stand. So kann ich rechtzeitig wieder reagieren und eventuell eine notwendige "Kursänderung" vornehmen.
Leitfaden heute: Entspannung und Gelassenheit.

Ich habe in den letzten drei Monaten was Neues in mein Leben aufgenommen. Ich setze täglich - von Montag bis Freitag - neue Ursachen. Ich knüpfe neue Kontakte, um meine Einnahmen zu erhöhen. Ich streue in verschiedene Richtungen, bin intuitiv, lasse mich von der höchsten Intelligenz führen. So eröffnen sich ganz neue Wege, es ist einfach überwältigend, wie viele Möglichkeiten es gibt, wenn ich dabei unverkrampft bin.
Alles kommt in Bewegung und die Veränderungen sind deutlich zu spüren, privat wie geschäftlich!

Wahnsinn!

Durch diese Veränderungen fließt natürlich auch mehr Energie und dadurch verändert sich noch mehr. Du siehst, durch diesen Anschub von mir kommen die Veränderungen ab einem gewissen Zeitpunkt von ganz alleine. Neue Menschen und neue Geldquellen kommen auf mich zu.

Dies ist erwünscht und macht viel Spaß.

Jetzt möchte ich dir über eine schöne Zeit im Handballverein berichten. Wir waren zweimal pro Woche im Training und sonntags hatten wir Punktespiele. Das Training selbst war immer locker, aber körperlich anstrengend. Danach duschen und ausgehen. Meist waren wir gemeinsam weg, oft bis 2 oder 3 Uhr nachts. Das war immer eine Gaudi. Morgens war ich dann müde, aber das war egal. Der Spaß zählte.
Das war die Hauptsache.

Einige Male flogen wir nach Spanien. Dort war natürlich Spaß in höchster Form angesagt. Abends Disco oder Essen, dann morgens gutes, kräftiges Frühstück mit Eier und Speck und starkem Kaffee, danach zwei Stunden Volleyball am Strand und schwimmen.

Nachmittags faulenzen am Pool in der Sonne und abends ging es wieder los. Nach einer Woche waren wir "platt", aber einfach glücklich und zufrieden.

Das alles fand statt ohne Partnerinnen. Das war auch o.k. Die Gemeinschaft zu pflegen, das Team zu erleben und die wunderschönen Tage zu genießen war eine Zeit, die ich nicht missen möchte.

Was ich damit zum Ausdruck bringen möchte, ist:

Pflege eine Form der Gemeinschaft, egal ob Kegeln, Skat, Golf, Skifahren, was auch immer.

So bleibst du dran am aktuellen, pulsierenden Leben, lernst Menschen kennen, trainierst den Umgang mit Menschen, lernst auch Meinungsverschiedenheiten ohne Aggressionen zu beseitigen. Du bist einfach viel offener und umgänglicher, als Menschen, die sich in ihre "Höhle" zu Hause zurückziehen.

Dadurch hast du einen größeren "Horizont" deines Geistes, siehst weiter und wirst auf diese Weise durch deine große Offenheit und Menschenkenntnis privat und beruflich deutlich mehr bewegen und erreichen. Ganz andere Chancen bieten sich dir, vor allem du erkennst sie auch. Chancen erkennen und nutzen, ist wichtig, um vorwärts zu kommen.

Ich hatte auch über den Zeitraum von zwei Spielsaisons die Aufgabe, die A-Jugend zu trainieren. Das machte mit besonders viel Spaß.
Diese jungen Menschen zu begeistern und motivieren, zu führen, mit ihnen durch Gewinnen und Verlieren zu gehen, war toll.

Hier lernte ich, auf die Gefühle einzugehen und dort "anzusetzen", wo ich den jungen Mann auch "erreichen" konnte.
Das ist sehr spannend, unbeschreiblich interessant und faszinierend. Jeder Mensch hat einen Punkt, wo er "verwundbar", besser "erreichbar" ist.
Diesen zu finden, erfordert Fingerspitzengefühl und Interesse für diesen Menschen, sowie Training und Erfahrung.
So konnte ich später diese Erfahrung im Beruf positiv nutzen. Positiv für beide Seiten.

Du wirst dich fragen - warum ist dann meine

Beziehung gescheitert?
Zu Recht.
Es gibt halt keine Garantie, keine 100-prozentigen "Erfolgschancen".
Ich hatte auch nicht die Zeit und die Gefühlsfreiheit in meiner damaligen Situation - unter dem geschäftlichen Druck - auf mich selbst, geschweige auf meine Partnerin einzugehen.

Der Lernprozess für mich war, dass ich es niemals mehr so weit kommen lasse, dass ich für mich und/oder für mein Umfeld keine Zeit habe.
Dadurch habe ich viele schöne Augenblicke verloren, für immer!
Fazit:

> Ich nehme mir Zeit für mich und mein Leben.
> Ich lasse mich von der Zeit nicht kommandieren.
> Ich nutze die Zeit, jetzt und jeden Augenblick.

Die Hast in unserer modernen Zeit tötet die Gefühle.
Lassen wir der Zeit und unseren Gefühlen freien Lauf.
Das Leben besteht nur aus Gefühlen.

Mein Vater ist ein Beispiel dafür gewesen, wie man es nicht machen sollte. Ich erinnere mich gut, wie er immer voll im Arbeitszyklus stand.

Er war Architekt, selbstständig , also immer auf Aufträge angewiesen. Da war die Büroarbeit, Baustellen besuchen, Kunden zu Hause betreuen.
Es gab selten ein freies Wochenende. Samstags und Sonntags Termine mit Kunden, da diese oft nur am Wochenende Zeit hatten.
Übergewicht (bei 1,75 Größe über 100 kg), Bewegungsmangel, kein Sport, rauchen, jahrelang kein Urlaub. Optimale Voraussetzungen, um mit dem Körper Raubbau zu treiben. Dann kam

131

unausweichlich Bluthochdruck hinzu.

Nach Raten seines Arztes hörte er schlagartig mit dem Rauchen auf (von 60-80 Zigaretten auf Null). Davor habe ich heute noch Hochachtung. Um ehrlich zu sein: ich rauche noch!
Dazu kam, mein Vater hatte einen Kropf (außenliegend).

Über 10 Jahre hatte er aus Zeitmangel eine an sich ziemlich harmlose Operation hinausgeschoben. Dann endlich entschloss er sich, in Krankenhaus zu gehen. Währen der O.P. wurde festgestellt, dass die Fäden bereits ums Herz und um die Lunge gewuchert waren. Drei Tage nach der geglückten Operation kam eine Lungenembolie als Komplikation dazu. Trotz Herzmassage verstarb mein Vater an den folgen der Lungenembolie im Alter von 53 Jahren.

Was hatte er erreicht?
Ein Haus gebaut . Er hinterließ eine Witwe und 2 Söhne im Alter von 18 und 13 Jahren und Schulden aufs Haus.
Mitten aus dem Leben gerissen, unerwartet, musste er gehen. Ich denke, so hatte er sich sein "Gehen" - vor allem so früh - nicht vorgestellt. Irgendwann sollte man auch in Ruhe die Früchte seine Arbeit genießen und Träume verwirklichen können.

Was macht die Schufterei sonst für einen Sinn?
Für mich keinen!

Nun stand meine Mutter mit uns alleine da.
Erst mal musste sie sich in den finanziellen Bereich einarbeiten, da sie sich vorher nicht darum gekümmert hatte. Dann traf sie eine Entscheidung, die ich damals und heute sehr gut fand: Sie jagte alle "angeblichen" Freunde, die dann kamen, sich aber vorher jahrelang nicht hatten sehen lassen, aus dem

Haus. Sie dachte in erster Linie an sich (absolut richtig).
Nur so konnte sie auch uns helfen.

Sie verkaufte den Klotz am Bein - das Haus - und kaufte für uns drei eine Eigentumswohnung. Sie löste sich aus ihrem bisherigen Umfeld und begann neu, räumlich und gedanklich. Das war der richtige Weg, um zu überleben.

Ich habe heute noch großen Respekt vor dieser starken Frau und ich danke ihr, dass sie so selbstbewusst gehandelt hat.
Danke, Mutti!

Wir kommen also immer wieder auf das gleiche Ergebnis: nicht jammern, sondern handeln!

So begann ihr Leben neu, sie ist heute 89 Jahre und bei guter Gesundheit. Ich wünsche dir noch viele Jahre ein angenehmes Leben.

Ein weiteres Beispiel: Nicht jammern, sondern handeln:
Ein Mann, den ich vorher bereits erwähnte und den ich sehr verehre, erzählte uns bei einem großen Meeting eine Geschichte.

Er wohnt in Regensburg in einem schönen Haus mit großem Anwesen in der Nähe eines Flusses. Dieser Fluss ist normalerweise ein kleines, gemütlich dahinfließendes Gewässer. Im Hochwasser von 2002 allerdings wurde er zu einem reißenden "Wolf". Das Wasser stieg über den Deich und drang nachts in den Keller des Hauses ein. Der Eigentümer rief ein paar Freunde an und bat sie, ihm zu helfen. Keller abdichten, Wasser schöpfen, dagegen angehen und zu tun, was sie imstande waren, aus eigener Kraft zu tun.

133

Und? Was glaubst du, geschah?

Also nicht dastehen und schauen und sagen:" Ach je, was ist los, alles verloren, wir können doch nichts tun, alles zwecklos, es hilft ja doch nichts" usw.
Nein! Bewegen, denken, Hand anlegen, handeln, positiv dagegen stehen. Einfach was tun.
Das heißt nicht jammern, sondern handeln.

Der oben erwähnte Mann brachte noch einen eindrucksvollen Vergleich.
Er verglich unsere "Jammerer" im Volke mit Enten.
Und die, die handeln, mit Adlern.

Ich stelle dir die Frage:" Möchtest du eine Ente sein, die ihr Leben lang im Dreckwasser badet und Angst hat, gefressen zu werden, oder möchtest du ein Adler sein, der hoch in der Luft schwebt und furchtlos sein Leben in absoluter Freiheit verbringt?"

Du entscheidest, was und wer du bist.

Ich bin begeistert, solche Menschen kennen zu dürfen.
Ich verdanke ihm sehr viel. Ich werde das, so lange ich lebe, nicht vergessen.
Dieser Mann ist ein Adler und sehr erfolgreich.
Ich habe sein "Nest" verlassen und werde durch sein Vorbild zum Adler (bin schon flügge!), danke.
Ich werde mir meine Ziele "herauspicken".
Ich war in einem Tiergehege und habe mir Enten und Adler angesehen.
Der Adler im Sitzen: majestätisch, mit klaren Augen und geballter Kraft hat er sein gesamtes Umfeld im Blick.
Der Adler im Flug: erhaben, lautlos, kraftvoll und fast unverletzlich liegt er in der Luft, bereit im richtigen Augenblick zuzugreifen, also zu handeln.

Die Ente: vergiss es.

Ergreifend für mich, dieses Verhalten.
Bist du ein Adler?
Vergiss die Enten!

Priorität heute: Auf mich schauen, an mich denken, d. h. Sport, Sauna, Entspannung, Gesundheit.

Ein wichtiger Punkt in meinem Leben ist die Gewaltlosigkeit. Früher, so bis 20 Jahre, war ich etwas jähzornig.
Ich denke, das liegt auch teilweise in den jugendlichen Jahren am Temperament, allerdings gilt es auch hier, an mir zu arbeiten.

Heute bin ich sehr ruhig. Ich habe das notwendige Selbstwertgefühl und lasse mich von niemandem und keiner Situation in "Versuchung" führen. Jähzorn und Aggression sind ein Zeichen von Schwäche.

Vor kurzem hatte ich ein Erlebnis in einer Eisdiele. Ich war mit meiner Tochter ein Eis essen. Alle Plätze waren besetzt.
An einem großen Tisch saß ein Mann alleine. Ich fragte ihn, ob wir uns zu ihm setzen dürften. Er schaute hoch, mürrisch und böse, nickte und sprach kein Wort. Wir setzten uns zu ihm.
Allgemein war es lebhaft im Restaurant, weil viele Kinder umhertollten. Der Mann war in ein Buch vertieft und wollte seine Ruhe haben. Dies war natürlich der denkbar ungünstigste Platz dafür. Ich sah auch, dass es dem Mann nicht gut ging. Nach einige Zeit kam noch eine Freundin meiner Tochter aus dem Kindergarten. Sie schrie los, als sie meine Tochter sah, vor lauter Freude . Sie saß dem Mann gegenüber. Als sie aufstand, streifte sie aus Versehen das Bein des Mannes. Dieser schüttelte den Kopf und

funkelte die Kleine böse an. Ich sagte zu ihm:" Das ist halt ein Kind, sie hat es ja nicht mit Absicht gemacht. Wenn Sie ein Buch lesen wollen, müssen Sie in eine Bibliothek gehen."
Oh je, das war falsch!
Er legte los zu schimpfen und zum Schluss nannte er mich "arrogantes Arschloch". Früher hätte ich ihm "eine" geschossen. Ich sagte ganz ruhig und ehrlich gemeint:" Ich wünsche Ihnen noch einen wunderschönen Abend". Zugegeben, etwas zynisch war es schon! Dann war er weg.

Ich überlegte, ich hätte noch anders reagieren können . Ich hätte fragen können, wie ich ihm helfen kann. Aber ich war etwas zu spontan, aber ich hab es mir gleich in den nächsten zwei Minuten verziehen. Sofort ließ ich los, d. h. ich schaltete um auf meine Tochter und ein angenehmes Gespräch mit der Mutter ihrer Freundin . Ich ließ nicht zu, dass ein Fremder Macht über mich besaß, weil ich mich eventuell aufregte.

Dies ist verschwendete Energie und zusätzlich der Ursprung für Streit und Zank. So habe ich bei diesem Menschen bestimmt die Gedanken angeregt, zu überlegen, warum ich nicht ebenfalls aggressiv wurde.
Ich selber war auch gelassen. Keine Sekunde des Lebens ist es wert, sich aufzuregen. Mir ging es gut. Das ist entscheidend und ich habe positive Gedanken gesandt, an einen Mitbürger.
Das ist ein tolles Gefühl. Ich habe auch sofort mit "meinem" Engel gesprochen und um Nachsicht gebeten, dass ich nicht noch feinfühliger reagiert hatte.
Wieder ein Lernprozess für mich.

Ein Schritt weiter in Richtung bedingungslose Liebe. Wenn alle Menschen in diese Richtung arbeiten, wird

es deutlich weniger Streit, Exzesse, Mord und Neid geben.
Die Welt wird einen riesigen Schritt friedlicher und liebevoller.

Dies ist ein kleiner Beitrag, den ich dazu leisten kann.
Und ich werde dadurch reicher an Liebe.

Liebe ist die kräftigste Macht, die wir besitzen, nutzen wir diese für unsere Welt.
Es ist allerhöchste Zeit dafür.
Wir alle werden davon profitieren.

Ich danke heute "meinem" Engel für mein Leben und das Vertrauen in Ihn und mich.

Das Schönste und Interessanteste für mich ist das Zusammensein mit Menschen, der Umgang, das Kennenlernen von Menschen. Hier ist ein riesiges Feld zu "bearbeiten".

Ich hatte in der Firma, in der ich zuletzt arbeitete, die Ehre und die verantwortungsvolle Aufgabe, Mitarbeiter auszubilden.
Ich stellte Mitarbeiter ein, lehrte sie das neue Geschäft, jede Einzelheit musste gelernt werden. Also jeden Einzelnen in Theorie und Praxis, sowie die Gesamtheit der Kooperationspartner in Schulungen und Seminaren.

Die Arbeitsgebiete sind sehr vielseitig:

- Telefonieren: 1. Kontakt;
- 1. Termin - persönlich;
- 2. Termin - persönlich;
- 3. Termin - persönlich - Beratung, Betreuung, Empfehlungen "holen", also Weitergabe der Dienstleistungen an Dritte.

Hier muss man Profi sein in allen Tätigkeiten.
Das Auftreten vor einer Familie, das Auftreten vor
einer Gruppe (Mitarbeiter), das Auftreten vor anderen
Führungskräften incl. Vorstand.

Dazu benötigt man ein sicheres Selbstwertgefühl ,
Selbstvertrauen, Stärke, Konzentration, Fachwissen,
Ruhe, Gelassenheit und - ganz wichtig -
Menschenkenntnis.

Das alles habe ich mir angeeignet und versucht,
weiterzugeben. In einem Gespräch muss man sich
100-prozentig konzentrieren. Hier ist das
Entscheidende, auf die Gefühle, Ängste, Fragen und
Unsicherheit des Gesprächpartners einzugehen. Oft
baut er aus Schutz für sich selbst eine "Mauer" um
sich. Hier gilt es mit Fingerspitzengefühl, vorsichtig
und behutsam vorzugehen. Hat der Gesprächspartner
Vertrauen gefunden, so wird das weitere Gespräch
positiv verlaufen.

Voraussetzung für Vertrauen ist, dass ich mich absolut
ehrlich, authentisch, gleichwertig gegenüber dem
Gesprächspartner verhalte und vor allem mit Gefühl,
mit dem Herzen dabei bin. Das Gefühl und das
Verständnis für den Anderen ist der Schlüssel zur
"Öffnung" eines Menschen.

Dies macht sehr viel Spaß und hilft mir selbst, auch
mich besser kennen zu lernen und meine Emotionen
zu steuern und zu beherrschen.

Das Ergebnis muss immer sein: einem Menschen zu
helfen und niemals zu schaden.
Bei so einem Gespräch wird sehr viel Adrenalin frei,
noch mehr bei einer Schulung vor einer Gruppe.
Ich laufe da zu Höchstform auf, bin begeistert und
begeisternd, reiße andere mit, motiviere sie und gebe
meine "Power" an die ganze Mannschaft weiter.

Das ist faszinierend und für Außenstehende nicht mit Worten zu beschreiben.

Diese Gefühl musst du erleben, dass du es auch 100-prozentig nachvollziehen kannst. Ich kann dir dies empfehlen, probiere es aus, du wirst süchtig nach diesem "Adrenalinstoß".
Ich werde auch in kurzer Zeit wieder Meetings durchführen, in denen ich Menschen helfen kann und Sponsoren für mein nächstes großes Projekt "Hotel für behinderte Sportler" - Sternschnuppe - gewinnen möchte.
Darauf freue ich mich jetzt schon!

In dem vorgenannten Beruf muss ein "Neuling" täglich seine "Komfortzone", also seinen bisher eingefahrenen Weg verlassen.
Dies gelingt dem einen, dem anderen nicht. Das macht nichts. Nicht jeder ist für eine solche Tätigkeit geeignet.

Aber woher willst du das wissen, wenn du es noch nie probiert hast?
Es ist spannend, entweder es funktioniert oder nicht.
Ein Mensch hat ein Problem, wenn er ein "Nein" bekommt.
Ein Nein ist erst mal - ich sag - unangenehm. Es nagt in dir, du nimmst es persönlich: „Was ist? Warum nicht? Was mache ich falsch? Kann ich das nicht?"
Viele Fragen entsehen, die Unsicherheit wächst. Je mehr Nein, umso mehr Unsicherheit und je mehr Unsicherheit, umso mehr Nein.

Der Teufelskreis!

Diesen gilt es, zu durchbrechen.
Wie?

Ganz einfach: Es immer und immer wieder tun, die Komfortzone verlassen, solange bis du ein Ja erhältst. Dies ist die Belohnung für die Neins.
Je mehr Nein du erhältst, umso mehr Ja erhältst du. Du belohnst dich also selbst.

Auch dies ist ein positiver Kreis, der süchtig macht, und du wirst immer häufiger belohnt.
Für dich ist das ein Training, durch das du fortlaufend und kontinuierlich wächst, stärker wirst, dein Selbstwertgefühl steigerst.

Praktisch: Im Leben wirst du mit diesem neuen Gefühl sicherer und ruhiger werden.
Ein wichtiger Schritt zur inneren Ruhe und Ausgeglichenheit.

Beispiel:

Als wir im Januar 1999 nach München umzogen, begann ich am 3. Januar in einer fremden Umgebung in einem neuen Büro, ohne auch nur einen Kunden zu haben, zu telefonieren. Ich nahm mir das Telefonbuch und begann bei A.
Täglich absolvierte ich 40 bis 50 Telefonate. Samstag bis Samstag, sieben Tage pro Woche.
Fest entschlossen und ehrgeizig, klar auf mein Ziel fixiert, hier mein Business auszuüben - erfolgreich.
Von 9 00 Uhr vormittags bis oft 22 00 Uhr, viele Neins, Neins, Neins.
Aber auch ab und zu ein Ja. Ein Termin.

So habe ich innerhalb von ungefähr 8 Wochen ca. 80 Kunden gewonnen. Ich war "durch", hatte bestanden, hatte mein Ziel erreicht. Ich war stolz auf mich.

Mich kann heute kein Nein mehr beeindrucken. Ist mir egal. Dann erst recht. Wenn ich es will.

Ich bestimme, was ich will. Punkt aus.

Denke an den Adler!

In den sechs Jahren meiner Tätigkeit habe ich mindestens 5000 Telefonate geführt, jedes einzelne schriftlich festgehalten. Ich beherrsche dieses Geschäft.
Manche nannten mich den "gnadenlosen Terminierer". Ich sah es als Kompliment. Der Erfolg gab mir Recht.

Du kannst dir, nachdem du mich jetzt schon besser kennen gelernt hast, vorstellen, welchen Schub ich in punkto Selbstvertrauen gemacht habe.

Das tut gut. Ich weiß, wenn ich heute wieder in einer ähnlichen Situation bin, werde ich das Gleiche wieder mit Erfolg tun können.
Das ist sehr beruhigend.
Was ich einmal getan habe, kann ich immer wieder tun.

Das ist genial. Das Wissen und diese Erfahrung kann mir niemand nehmen. Dies ist mein "Schatz".
Meine persönliche Programmierung, mein persönlicher geistiger Reichtum. Einmalig!

Diesen Reichtum kannst auch du erreichen. Er wird deine Persönlichkeit verändern, er wird dein Leben verändern.
Probiere es aus.

P.S. Tipps auch gerne bei meinen Meetings, die Anfang 2011 beginnen. Kontakte über meinen Verlag.

Leitfaden heute: offen sein, Menschen ansprechen, Liebe senden.
Am Mittwoch hatte ich abends unsere Tochter. Da ich

141

zu spät dran war, sie im Kindergarten abzuholen, traf ich mich mit einem Bekannten bei einem Allgemeinmediziner, er hatte seine Kinder und unsere Tochter mit dorthin genommen.

Als wir uns verabschiedet hatten und bereits im Treppenhaus waren, wurde eine ältere Frau von einem Mann und einer Frau die Treppe hochgetragen. Da kein Aufzug im Hause ist, war dies notwendig, weil die Frau nicht aus eigenen Kräften hochgehen konnte.

Ich übernahm oben und half, die Frau bis in die Praxis zu führen. Dort konnte sie sich setzen. In diesem Augenblick spürte ich wieder sehr stark das Bedürfnis, Menschen zu helfen. Die Frau war so ungezwungen und fröhlich, dass ihre Ausstrahlung automatisch ansteckend wirkte.

Das Glücksgefühl in mir war einfach unbeschreiblich. Es gibt nicht Schöneres, als zu helfen.

Es verstärkt meine Anstrengungen, auf meinem Weg intensiv und kontinuierlich weiterzugehen und möglichst schnell meinen Traum, "das Hotel" zu eröffnen.

Ich möchte dich mit dieser Geschichte animieren, dir Gedanken zu machen, wie wertvoll es für dich selbst ist, mit der entsprechenden Einstellung, deinem Leben einen neuen Sinn zu geben.

Am Anfang fällt es nicht leicht, sich aus der alten geistigen Haltung zu lösen. Vielleicht hattest du ein Erlebnis, das dir gar nicht so bewusst ist. Denke einmal in Ruhe über dein bisheriges Leben nach.

Es gibt ganz sicher ein Erlebnis, das dir den Anstoß geben kann, eine Wende herbeizuführen. Oft sind es auf den ersten Blick Kleinigkeiten, längst vergessen, die zum Nachdenken anregen können oder natürlich einschneidende Dinge, z. B. ein Erlebnis als Kind, ein

Geburtstag, eine Geburt, eine Heirat, eine Trennung, eine berufliche Veränderung, ein Ärgernis, eine höchste Freude, ein Erfolg, ein Misserfolg, eine Krankheit, der Verlust eines geliebten Menschen, ein Unfall, ein Gewinn, ein finanzieller Verlust, ein Vertrauensverlust.

Jeder einzelne Punkt kann ein Hinweis sein , eine Aufforderung zum Nachdenken, zum Handeln, zu einer Veränderung.
Werde ab sofort sensibler.
Nimm alles um dich herum intensiver wahr.
Sei nicht oberflächlich, sondern versuche, den "Dingen" auf den Grund zu gehen.
Das „Dahinterliegende" hinter der Fassade zu erkennen.

Was ist es wirklich?
Gehe in die "Tiefe".
Lasse dich nicht von "Schauspielern" blenden und verführen.
Bleib humorvoll und lebensfroh.
Trotzdem beschäftige dich in jedem Augenblick mit dem Tatsächlichen.
Der Schein trügt oft, sehr oft.
Hier ist dir deine innere Stimme, dein Gefühl, dein Herz der beste Ratgeber.
Dein Herz kannst du nicht betrügen.
Vertraue deinem Gefühl, nicht dem Verstand. Dein Gefühl wird dich immer auf den richtigen Weg führen. Handle auch nach diesem Hinweis, selbst wenn dein Kopf was anderes sagt. Dein Herz kann alles analysieren und begreifen, so bist du der höchsten Intelligenz am nächsten.

Dein Verstand hat Grenzen, dein Herz nicht!

Frage dich täglich, ob du die "richtigen " Entscheidungen getroffen hast.

143

Eine Entscheidung auch mal zurückzunehmen, ist ehrenhaft und macht Sinn. Keine Entscheidungen zu treffen, ist dumm.

Auf diesem Wege wirst du auch entscheidungsfreudiger. Du wirst einen höheren Blickwinkel und größeren "Horizont" erhalten. Du wirst das kleinkarierte Denken ablegen.

Du wirst Vorurteile abbauen. Du wirst großzügiger, du wirst lernen, zu verstehen, zu verzeihen und gegenüber keinem Menschen und keiner Situation einen Groll zu verspüren.

Dies macht dich frei und unabhängig von anderen Menschen.

Dies gibt dir die geistige Macht, stark und selbständig zu sein, zu handeln und zu gewinnen.

Ohne Einschränkungen, die dir dein Wissen auferlegt, denn dein Wissen (allein) beschränkt dich in deiner Beurteilung.

Denke immer daran!
Trainiere dieses Bewusstsein.
Jetzt, sofort, kannst du ein neues Denken beginnen.
Du weißt: Entscheidungen treffen!

Leitsatz heute:
Mit Begeisterung meine Ziele verfolgen.

Vor kurzem war ich an einem Wochenende zu Besuch bei meiner Mutter und bei meinem Bruder. Meine Mutter ist 89 Jahre alt.

Sie wohnt allein in einem Seniorenheim. Mein Bruder ist verheiratet und hat einen Sohn. Wir hatten abends ein sehr unterhaltsames Gespräch. Wir sehen uns selten, weil wir weit entfernt von einander wohnen. Nach einigen Jahren der "Funkstille" haben wir jetzt doch öfter mal, auch telefonisch, Kontakt. Nachdem mein Bruder und seine Frau erfahren hatten, wie es

mir, unserer Tochter und meiner ExFrau geht, vor allem finden sie unsere Tochter voll Temperament, süß, aufgeweckt und einfach zum "Fressen", hat mein Bruder uns Hilfe zugesagt, falls es mit dem Unterhalt für die Kleine einen Engpass geben sollte.
Ich möchte natürlich, und ich bin sicher, dass ich das schaffe, aus eigener Kraft die finanziellen Mittel aufbringen zu können.

Unsere Kleine ist für mich das "Wichtigste" auf der Welt. Sie ist das Geschenk, das für mich das Leben "reich" macht.
Ich danke Gott dafür.
Ich danke meinem Bruder und seiner Familie für die Zusage zur Unterstützung.
Sie werden Gesundheit und inneren Frieden erhalten.
Ein ganz entscheidender Meilenstein in meiner Zukunft ist das bereits erwähnte Hotel für behinderte Sportler.
Damit wird ein vorläufiger Höhepunkt zum Helfen gesetzt. Das Hotel wird 2016 entstehen.

Es soll auf einer karibischen Insel stehen. Es bietet den Sportlern die Möglichkeit, professionell zu trainieren, unter Anleitung von ausgebildeten Sportlehrern, und bedarfsgerecht zu wohnen. Notwendig sind alle sportlichen Einrichtungen, die für die Paralympics zugelassen sind. Das Ganze ist natürlich ein riesiges Projekt, angefangen bei den behördlichen Regelungen bis hin zur finanziellen Herausforderung.
Keine konventionelle Bank wird hier finanzieren (zumindest am Start). Also benötige ich private Sponsoren.

Gerade bei behinderten Sportlern ist auffällig, mit welchem Optimismus und Lebensfreude sowie erstaunlicher Energie und Kraft sie ihre sportlichen

Ziele anstreben.
Sie zeigen uns, auf was sich das Leben reduziert, was bleibt, was zählt, wenn die Gesundheit leidet!

Sie sind oft ein Vorbild für die "Gesunden", die täglich unzufrieden sind, die diese Unzufriedenheit in den Vordergrund stellen, die an sich zweifeln, Furcht in sich tragen, am Leben schließlich scheitern.

Nehmen wir uns ein Beispiel daran, wie diese Menschen durch diese harten Prüfungen gehen und bestehen.
Ihr Glaube setzt ungeahnte Kräfte frei, die sie beflügeln und siegen lässt.

Dinge, die wir für nicht machbar halten, schaffen sie, weil sie an sich glauben.

Tun wir ihnen nach, glauben wir an uns, wir werden Aufgaben schaffen, die wir vorher für unmöglich hielten.
Es gibt keine Grenzen - außer in deinem Kopf!
Mache deinen Kopf frei von Schranken und du erreichst alles, was du willst.

Leitsatz heute:
Ruhe, arbeiten und vertrauen.

Das sind Sätze, die du bestimmt schon öfter gehört oder gelesen hast. Vielleicht sagst du: "Das weiß ich.", " Das stimmt.", "Das funktioniert nicht.", "Glaube ich nicht.", "Wenn das so einfach wäre.", "Ich kann nicht.", "Was denken meine Freunde?", oder, oder, oder ...

Ich sage dir: "Es ist so."

Der Unterschied zu anderen Autoren ist, ich komme aus dem Nichts. Ich habe keinen Promibonus. Ich habe keinen Bekanntheitsgrad. Ich habe keine gesellschaftliche, will sagen, keine im öffentlichen Interesse stehende Position.

Ich bin "nur" ein Mensch, der es in sich spürt, Menschen zu helfen, sie aus der täglichen Lethargie zu befreien, ihnen Perspektiven zu zeigen, ihnen Mut und Kraft zu geben, die Zukunft zu meistern, den Sinn ihres Lebens zu erkennen und zu verwirklichen. Nenne mich

- einen Propheten des Guten,
- einen Propheten der Liebe,
- einen Propheten der höheren Intelligenz.

Ich bin für dich das Zentrum zur Veränderung, wenn du Zugang zu meinen Gedanken zulässt und danach lebst.

Du wirst erstaunliche Dinge erleben und eine neue "Richtung" einschlagen. Du wirst deinen eigenen Gefühlen folgen und zum immerwährenden Glücksgefühl finden. Das ist dein Erfolg, ich gebe nur Anreize.

Durch alle Höhen und Tiefen bin ich gegangen.
Ich war zweimal beruflich sehr erfolgreich, einmal im Immobiliengeschäft, einmal im Finanzdienstleistungsgeschäft.
Ich werde das dritte Mal ganz oben sein und damit meine Bestimmung erfüllen.
Das Schöne daran ist, das Finanzielle mit dem Privaten zu verbinden, im Gleichklang.

Der Tipp für dich:
Beruflich und privat dürfen sich nicht gegenseitig behindern, sondern müssen sich gegenseitig befruchten. Dann geht es mit weniger Energie und schneller.

147

Das musst du lernen. Sei hart zu denen, die dich bremsen wollen. Rigoros in Entscheidungen zu deinen Gunsten. Konsequent und ehrgeizig. Zielstrebig. Aber immer gerecht und verletze nie einen Anderen. Setze Ursachen und es wird immer was zurückkommen.

Heute, 22.11.08, mein 58. Geburtstag.

Ich denke: „Montag, ich bin alleine, ist o.k."
Um ca. 18 Uhr klingelt das Telefon. Meine Tochter ruft an und fragt mich, ob ich mit ihr feiern möchte. Ich möchte schon, nur meine, zu dieser Zeit, Noch-Frau will nicht mit mir sprechen. Ich sage dann zu meiner Tochter: "Dann hat es keinen Sinn".

Was muss in einem Menschen vorgehen, der nicht einmal die Fähigkeit mehr besitzt, mir am Telefon in einem Satz zu gratulieren?
Wie viel Ängste oder wie viel Hass muss hier vorhanden sein?
Oder ist es Verzweiflung oder Resignation oder was kann es noch sein?
Ich weiß es nicht. Was bringt es, sich so zu verhalten? Wem nützt es?
Niemandem!
Es blockiert, es bremst, es bohrt, es nagt, es zerfrisst. Es zerfrisst den Menschen von innen, wie ein Krebsgeschwür. Es tötet die Zuversicht, es tötet jeden Keim von Liebe. Es tötet die Gefühle, es tötet letztendlich den Menschen, den Menschen, den ich kenne als humorvoll, lustig, voll Liebe, voll Energie, voll Zuversicht und Tatkraft.

Es macht mich traurig, dass sie es nicht schafft, sich aus den Fesseln der negativen Gedanken zu befreien. Vielleicht helfen ihr die Gedanken aus meinem Buch. Ich schenke ihr ein Exemplar.
Ich wünsche ihr den Sieg über diese "schlechten"

Gedanken. Sie hat es verdient, glücklich zu leben.
2009: Sie hat es geschafft. Super- Glückwunsch.

Ich hatte nie Selbstmitleid. Selbstmitleid hemmt.
Ich habe mich von Schuldgefühlen befreit.
Schuldgefühle machen ein schlechtes Gewissen.
Wir haben in unserer Ehe alles gemeinsam getan.
Und auch gemeinsam hatten wir den Status Quo am
1. Juli 2004 erreicht. Jeder von uns hätte vorher eine
Änderung herbeiführen können. Keiner hat es aber
getan.

Wir sind beide verantwortlich. Es gibt keine
Schuldzuweisungen. Es gibt nur Annahme der
jetzigen Lage.
Es gibt nur Handeln, jeder für sich allein. Das ist der
einzige Unterschied zur Vergangenheit.
Vergangenheit ist nicht änderbar.

Das muss jedem von uns absolut klar sein. Alles
andere ist reine Energieverschwendung. Ich sende ihr
Zuversicht und Stärke. Ich habe Geduld, bis sie den
notwendigen zeitlichen Abstand hat, um vorbehaltlos
zu sein.
Das ist meine Aufgabe.
Ich habe gelernt, es gibt entweder Liebe zu 100
Prozent - ganz sie ist da - oder keine wirkliche Liebe
(nicht unter der Voraussetzung, dass zu 98 Prozent
oder 90 Prozent ...); was anderes gibt es nicht.

Du kannst es drehen und wenden wie du willst, ja
aber ...
Jetzt ist dies und der oder die hat das Problem und
1000 Dinge, du betrügst dich selbst.

Entweder bedingungslose Liebe (so wie der Partner
ist) oder "scheinbare" Liebe unter vielen
"Deckmäntelchen".

Erkenne die Tatsache und handle. Nur nach deinem Gefühl.
Dann hast du die richtige Entscheidung getroffen. Glückwunsch.

Inzwischen habe ich jeden Tag mehrmals die Gedanken und auch die Kommunikation mit "meinem" Engel. Ich bin mit heute sicher, dass diese Erlebnis wohl das "Entscheidende" war, was mein Leben beeinflusst hat und heute meinen Lebensweg begleitet. Ich habe gelernt, dankbar zu sein.

Ich bin dankbar für die "kleinsten" Dinge, die mir vorher als selbstverständlich erschienen. Mir wird mehr und mehr bewusst, was wichtig ist, was zählt, was es wert ist, darüber nachzudenken und zu handeln. Allen anderen Ballast habe ich abgeworfen. Das tut gut und schärft die Aufmerksamkeit auf mich und auf das, was ich will.

Ich gehe viel bewusster mit der Zeit um. Intensiver und tiefer nehme ich wahr. Ich spüre, ich rieche, ich fühle, ich sehe, ich schmecke.
Ich nehme mir Zeit dafür. Das kann jeder.

Du musst nur wollen.

Erkenne Zeichen, Hinweise, Tipps - bewusst.
Du bekommst ein anderes Gespür für dich und deinen Körper.

Ich hoffe, du hast soweit durchgehalten.

Du bist nicht gelangweilt und fühlst dich frisch und gesund.

Warum hast du bis hierher gelesen?
Was geht in deinem Kopf vor?

Was entscheidest du jetzt?
Was soll sich ändern? Soll sich überhaupt was ändern?
Was kannst du umsetzen?
Wie soll dein Leben weitergehen?

Viele Fragen werden auftauchen.
Wenn du was ändern willst, mach eine "Bestandsaufnahme".

Wo stehst du?
Was kannst du am Besten?
Was ist dein Lebensinhalt?
Wie kannst du dein Ziel erreichen?
Wer kann dir dabei helfen?
Was ist unwichtig?
Was ist wichtig?
Was sagt dein Herz dazu?

Lass dir Zeit, bis du dir sicher bist und triff dann die Entscheidung.
Setze sofort nach der Entscheidung eine Ursache, damit ist der erste Schritt getan - der **wichtigste** Schritt!

Ich habe in meiner jetzigen Firma immer wieder nach außen deutlich gemacht, dass ich mehr arbeiten will, beim Chef, beim Geschäftsführer. Jetzt ist es sicher, dass ich weitere Arbeitszeit dazu bekomme. Ich selbst habe in den letzten Monaten schon dafür gesorgt, dass ich neue Kunden akquiriere und den Umsatz verbessere.
Also mit Ursachen setzen, d. h. hier meine Arbeitskraft verstärkt anzubieten, sowie selber aktiv zu sein.

Und dann mit der notwendigen Geduld habe ich mein Ziel erreicht.

So kann ich sofort meine mir gesetzten Prioritäten erreichen.

* Kurzfristig:
- Einnahmen erhöhen,
- Ausgaben: nur das Notwendigste,
- Einnahmen - mit Polster - höher als Ausgaben,

* Mittelfristig:
- weitere Einnahmen- Nebenjob,

* Langfristig:
- mich auf das Hotel konzentrieren zu können.

Ich habe drei Hauptpunkte ausgearbeitet, andersrum, ich habe meine Bedürfnisse auf drei Punkte festgelegt:

1. wohnen
2. essen
3. Auto (brauche ich, um zu wohnen und zu essen)

Mit diesen Vorgaben habe ich alles, um glücklich zu sein.
Jetzt, zu diesem Zeitpunkt.
Daraus resultiert: ich lebe im Hier und Jetzt.
Alles andere ist unwichtig.
Jetzt findet das Leben statt.
Jetzt habe ich auch Zeit und nutze die Chance, mich mir selbst und meinen Gefühlen hinzugeben.

Mehr braucht niemand.

Ich genieße die Freiheit, ich treibe Sport, ich gehe in die Sauna, ich gehe tanzen, ich genieße die Natur, die Ruhe, ich gehe auf Menschen zu und bin erstaunt, wie viele neue, absolut nette Bekanntschaften ich mache.

Vor allem durch diese Lockerheit und ausgestrahlte Ruhe und Liebe, wenden sich überall Menschen, fremde Menschen mir zu.

Es ist einfach traumhaft und bestätigt mir, dass die Liebe die stärkste und am meisten bewirkende Kraft ist, die es gibt.

Wenn du willst und du neugierig geworden bist, probiere es auch aus.
Es besteht kein Risiko!
Du und alle Menschen können nur "gewinnen".
Verlierer gibt es keine.
Zu jederzeit ein besonders wertvolles Geschenk - für dich und demjenigen, dem du Liebe schenkst.

Fassen wir zusammen:

Ich habe dir mein Leben bis heute geschildert.
Ich habe dir Tipps zur finanziellen Verbesserung gegeben.
Ich habe den Tod gesehen.
Ich habe einen Engel gesehen.
Ich habe geliebte Menschen verloren.
Ich habe Trennung erlebt.
Ich habe neues Leben geschenkt.
Ich habe eine Tochter geschenkt bekommen.
Ich habe Trauer erlebt.
Ich habe höchstes Glück erlebt.
Ich habe Träume verloren.
Ich habe Träume gelebt.
Ich habe gelitten.
Ich habe mich gefreut.
Ich habe Zeit verloren.
Ich habe neue Zeit gefunden.
Ich habe schwere Schicksale miterlebt.
Ich habe tolle Zeiten durchlebt.
Ich habe finanziell viel gewonnen.
Ich habe finanziell alles verloren.

Ich war im tiefsten Loch.
Ich bin auf dem Weg zu meinem größten Erfolg.
Ich war verloren.
Ich habe "meinen" Engel gefunden.
Ich bin ein Gewinner.

Ich hoffe, du setzt einiges, für dich Wichtiges, um.
Ich bin sicher, es wird "Neues" geschehen, wie du es noch nie vorher erfahren hast.
Kein Schein, kein Betrug, keine Täuschung, keine Magie.

Alles, was du gelesen hast, ist authentisch, realistisch, entspricht der Wahrheit, nicht beschönigt und ehrlich.

Ich sage dir die Wahrheit, denn nur die Wahrheit ist beständig.
Nimm dieses Buch als Leitfaden für dein Leben.

Du wirst radikale Veränderungen feststellen.
Du brauchst keine Heuchler und Schleimer um dich.
Du wirst diese entlarven und entweder ignorieren oder auf deine Seite bringen.
Du wirst die wirklichen Freunde erkennen und die wirkliche Liebe erfahren.
Du wirst (wieder) leben, atmen, spüren, genießen, weinen , lachen, das Leben in dich aufnehmen und die Liebe in deinem Umfeld erweitern.

Wie eine Kettenreaktion wird sich die Liebe vermehren und wir alle werden in eine friedliche Umwelt wachsen. Unsere "selbstgestrickten" Probleme werden sich in nichts auflösen.

Gehe deinen Weg

Es gibt nur wenige Punkte, die du beachten musst:
- Vergib und verzeihe.
- Sei ehrlich zu dir und zu anderen.
- Tage keine Schuld mit dir.
- Übernimm Verantwortung.
- Suche Zugang zur höchsten Intelligenz (sprich mit deinem Inneren).
- Vertraue.
- Habe Mut.
- Sei fleißig.
- Liebe.

Schlussgedanken:

So wirst du deinen Weg gehen, dein Lebenswerk schaffen, deine Träume erreichen, die Ängste verlieren, Zuversicht gewinnen, und zu deinem Zeitpunkt dein Leben mit dem Tod tauschen, ich sage, erweitern.
Der Körper stirbt, die Seele nicht.
Du bist ewig da und bleibst für die, denen du ein Vorbild warst, immer eine Stütze und Hilfe.

Eins habe ich noch vergessen:
Erlebe jede Sekunde bewusst als Geschenk mit Spaß und Humor, und du brauchst dich um nichts anderes zu sorgen.
Ich bedanke mich für deine Geduld und dein Interesse.
Du hast dir mit diesem Buch selbst das wertvollste Geschenk gemacht. Nämlich: dein neues Leben.
Glückwunsch.

Gesundheit und Erfolg!

Dein Autor,
Harald Müller

155

Nachwort

Hier ein Hinweis in eigener Sache:

Wie im Buch bereits erwähnt, werde ich im Jahr 2016 ein Hotel für behinderte Sportler bauen. Dafür benötige ich natürlich noch Sponsoren, die mich finanziell unterstützen.
Deshalb nutze ich diese Gelegenheit, um jetzt schon auf dieses Vorhaben aufmerksam zu machen. Du hast die Möglichkeit, direkt mit mir Kontakt aufzunehmen.
E-Mail: haraldfmueller22@web.de

Über mich oder meinen Verlag erhältst du weitere Infos. Ich werde jeden einzelnen Spender persönlich kontaktieren. Bitte etwas Geduld!

Zu diesem Zeitpunkt wird in den Medien, Presse, Fernsehen, sowie öffentlichen Veranstaltungen, bei der Präsentation und bei Vorlesungen, Geld gesammelt.

Ich bitte darum, spende, öffne dein Herz, hilf denen, die die Hilfe wirklich dringend benötigen.
Sei großherzig und voll Liebe. DANKE.

Danke für dein Vertrauen.